JN116623

図解・空き家対策事例集

「大量相続時代」の到来に備えて

松岡 政樹 著

公人の友社

≪発刊に寄せて≫

　空き家対策は、３つの観点から考える必要があります。第一は、老朽家屋の適正管理と危険な家屋の除却です。第二は、空き家の利活用です。第三は、空き家が発生しないよう根源的な対策を取ることです。

　第一の点については、空き家の増加とともに周辺住民への環境悪化などの広がりがあり、空き家対策条例（以下「空き家条例」という。）や空家等対策の推進に関する特別措置法（以下「空家法」という。）が制定され、全国的に老朽危険空き家の除却等への自治体の取組みが活発化してきています。しかし、この問題に取り組む自治体は、空き家条例、空家法だけでなく、建築基準法など他の法令に関する知識も活用して対応しなければならず、複雑な法令に苦慮している職員も多いと思います。そのため、実務的観点から関連する法制度を理解する一助とするため、「図解こちらバーチャル区役所の空き家対策相談室です」（令和元年８月）が発刊されました。本書は、これと姉妹本というべきものであり、空き家対策の事例を基にそのケーススタディーをしながら、具体的事例に即してより深く空き家問題を理解することができます。前著と併せて本書を読むことによって、実務的な解決能力を高めることが可能となっています。

　第二の点については、利活用できる空き家をそのまま放置していることはもったいないことであるし、うまく利活用すれば、地域活性化につなげることも可能となります。本書では、利活用に当たっての官民協働はどうあるべきか、利活用しにくい空き家を活用する方法は何かなど、いくつかの視点を提供してくれています。

　第三の点は、老朽危険空き家の除却を進め、空き家の利活用をいくら進めても、空き家の増加が止まらない中で、根本的な解決にはならないことです。この問題は、新築住宅至上主義の転換や中古住宅の流通の活発化などの政策の転換が必要となりますし、住居エリアを拡大させない本当の意味でのコンパクトシティ化などの都市計画の実現などによって初めて解決が可能となると言えます。この点は、本書のカバーするところではありませんが、大変重要であることを指摘しておきたいと思います。

　次に、空き家問題と所有者不明土地問題との関係です。空き家には、所有者が明らかな空き家と所有者が不明な空き家があります。今後、人口減少等の進展に伴う土地利用ニーズの低下等を背景に所有者不明土地がますます増加することが予想されており、必然的に所有者が不明な空き家も増えていきます。したがって、所有者が不明な空き家への対処問題が、大きな課題となってきています。相続人が不明、あるいは、不存在である空き家については、利害関係人等の請求により選任された相続財産管理人が管理を行い（民法第952条等）、残余財産については国庫に帰属する（民法第959条）とされていますが、国庫帰属にまで至っている事案はそれほど多くはありません。

　所有者不明土地問題に警鐘を鳴らし、その対策について提言した所有者不明土地問題研究

会（いわゆる増田研究会）がきっかけとなって、政府は本格的にこの問題に取り組むようになりました。そして、所有者不明土地の利用の円滑化等に関する特別措置法（平成30年法律第49号）、表題部所有者不明土地の登記及び管理の適正化に関する法律（令和元年法律第15号）が施行されました。そして、現在、法制審議会民法・不動産登記法部会において、第一に、円滑・適正な利用・管理の方策として、共有制度、相隣関係、財産管理制度について、第二に、所有者不明土地の発生予防策として、相続登記の義務化、所有権放棄制度、遺産管理と遺産分割などについて、新たな制度の創設に向けて精力的な審議が行われています。

　本書は、以上挙げたような最近の様々な動きを十分に踏まえながら、それぞれの事例に即して、その事例の解決の方向性とともに、関連する法令の適用関係などを分かりやすく解説していること、事例を通じて、著者が実際に体験した苦労を追体験することによって空き家問題が抱える難しさとともにアプローチの手法などを学ぶことができます。空き家問題に関する著作は多数ありますが、このような特色を持ったものは他にはないと思います。

　多くの自治体職員に本書を手に取っていただき、具体的事例を材料にして、空き家問題に関する知見を深めていただくとともに、直接空き家問題に携わっている職員におかれては、自らの実務における解決にも結びつくことを願っています。

令和2年3月
神奈川大学法学部教授
幸田 雅治

はじめに

1、「大量相続時代」の到来について

　平成29年12月13日に発表された所有者不明土地問題研究会（座長：増田寛也元総務大臣）の最終報告概要によると、2020年から2040年にかけて、日本人口は高齢化の影響で160万人が死亡し、それに伴う土地の相続のうち約3割が未登記地になる可能性があるという「大量相続時代」が到来します。その具体的な規模は、平成28年度の地籍調査において、登記簿上の所有者の所在が不明な土地は既に20.1%となっており、所有者不明土地の面積は約410万haで九州の約367万haを超えています。このままの状況が続けば、2040年には約720万haとなり、北海道の面積の約780万haに迫る勢いになるといわれています。これらの所有者不明土地が今後の日本経済に及ぼす損失額についても、概算ですが、約6兆円に上ると算出されています。

2、所有者不明な空き家問題の解決について

　平成27年5月26日に空家等対策の推進に関する特別措置法（平成26年法律第127号、以下、「空家法」という。）が全面施行されて早5年が経過しようとしています。その間、各自治体は、法第2条第2項で「特定空家等」と規定される、放置された迷惑空き家の是正に取り組んできました。著者も平成29年3月までの7年間、違反建築物の取締りを行う建築監察という仕事に従事するなか、空き家対策に取り組みました。空き家対策で、一番の肝心な仕事は、放置された空き家の所有者を特定することでした。法務局で登記簿を調べても、数十年も前に亡くなった所有者の名義のままで、現在の所有者にあたる相続関係人に辿り着くことが大変困難でした。所有者が不明であれば、せっかく空家法ができても、行政指導する相手方が不明なわけですから、改善されません。つまり、不動産登記簿等の所有者台帳の不備が、空き家対策の推進にとって一番のネックとなっていたわけです。

　そこで、空家法では第10条の規定により、固定資産税に関する税務調査が可能となりました。放置された空き家といえども、現状のままで存続しているということは、固定資産税が誰かによってしっかり納付されているという証拠となります。そして、所有者が不明な状況を打開すべく、空家法で納税者を調べ上げ、そこから戸籍・住民票・戸籍の附票等の資料から相続関係人を辿りながら、現在の真の所有者を特定することができるようになったのです。その意味で、「大量相続時代」の到来は、今後の空き家対策にも大きな影響を及ぼすことは間違いありません。空き家対策は上物の建物所有者だけでなく、その建物が存在する土地の所有者も是正の対象となっています。なぜなら、古い時代の空き家の多くは、現代のような、建売分譲戸建住宅のように土地と建物がセットで売られているわけではなく、大地主から土地を借りて、そこに所有の目的で建てられた借地契約に基づく建物となっているからです。そのため、空き家だけでなく土地の所有者も不明ということになると、例えば、土地所有者に対して旧借地法第2条但し書きの「朽廃規定」に基づき借地契約を終了させるとともに、空き家所有者に対してはこれ以上の存続が危険と思われる空き家を除却させるという措置ができなくなってしまいます。空き家対策の推進においては、とにかく、空き家と土地の所有者の所在が不明のままで放置されていては困るのです。

　この点、所有者不明土地の問題を改善すべく、平成30年11月に、「所有者不明土地の利用の円滑化等に関する特別措置法」の一部が施行され、令和2年11月には、「表題部所

有者不明土地の登記及び管理の適正化に関する法律」が全面施行されることになっています。

　これらの法整備によって、不動産登記簿等における記載の不備や所有者の特定作業等については、今後より一層の改善が図られることになるでしょう。しかし、所有者が特定できた場合でも、その後の空き家対策において具体的にどのように取り組んでいくべきかについては、やはり、現場で身に着けた知識や経験等がものを言うことになるでしょう。その意味で、実際の現場に基づく事例研究を通しながら、実務に必要な対応力を養っていくことが最も重要であるといえます。

3、本書の目的と構成について

　本書は、令和元年8月22日に出版された「図解こちらバーチャル区役所の空き家対策相談室です」～空き家対策を実際に担当した現役行政職員の研究レポート～（以下、「姉妹本」という。）の続編で書かれたものですが、先述の「大量相続時代」の到来に備えて、今後の具体的な空き家対策の推進に資する目的で作成しました。著者が関わった事案を基に読者の皆様に空き家対策でお役に立ちそうな事例研究（ケーススタディー）を創作して、法的な課題等を含めて内容を解説する手法を用いました。そのため、本書に登場する人物や団体・組織・土地・建物等は、実在するものとは一切無関係となりますので、その旨ご了承下さい。

　また、本書の構成については、①事例概要、②現場の位置図、③担当者による解説、④関係法令の説明、⑤用語説明という5つのフォーマットにしたがって記述することにしました。①は、事例の概要や経緯、課題事項が分かるようにしています。②は、空き家のある大まかな位置関係が分かるようにしています。③は、事例についての解説で、バーチャル区役所の職員が会話形式で、事例におけるエピソードや解決へ向けてのプロセス、課題事項を分かりやすく記載しています。④は、事例で課題となった代表的な法律について、図や表などを用いて解説をしています。⑤は、③の会話において出てくる専門用語を理解して頂くために設けられたページです。説明内容は簡易なもので大体こんな感じという程度のものです。この他、本書の重要なテーマを理解し整理するための「ミニテスト」や耳寄りな情報をまとめた「知って得するコラム」、著者の個人的な見解を記した「著者の独り言」を盛り込みました。

4、読者へのお願いについて

　本書は、先に出版された姉妹本の続編として書かれていますので、本書で理解し辛いところがありましたら、本書のテーマに関連する姉妹本のページをご覧下さい。本書では、空家法だけでなく、建築基準法や道路法、民法、不動産登記法、住民基本台帳法施行令、行政代執行法、旧借地法等のあらゆる法令が関係してきます。ある程度、関係法令の説明や用語説明で理解ができるように工夫をしたつもりですが、もし、分からないことがありましたら、他の法律関係の書籍等をご参考にお読み頂きますようお願いします。

　最後に、本書の出版を勧めて下さり、温かい応援と激励をして頂きました関係者各位の皆様方、本書に寄稿して頂きました空き家対策NPO法人代表者の趙　顯德様、そして、前作の監修を引き受けて下さり、本書の構成等についても的確なご助言をして下さいました幸田雅治先生、出版に際し並々ならぬご尽力を賜りました公人の友社の武内英晴社長とスタッフの皆様方に厚く御礼を申し上げます。本当にありがとうございました。

令和2年3月16日

松岡　政樹

目　　次

バーチャル区役所の空き家対策課職員紹介

林 主任
空き家対策課で法律の知識が
豊富なためみんなから先生と呼
ばれている。

山田 係長
不動産関係の専門家で、
あらゆる困難ケースにも
対応できる実力者。

伊藤 主任
男性職場での紅一点の
元気なおてんば娘だが、
家ではしっかり祖母の
面倒を見ている。

宮城 主任
空き家対策を推進している中心者。
サッカー好きな兄貴的な存在。

石井 主事
新人教育に余念がない
心優しい真面目青年。

空き家対策課では、建築のプロ、不動産のプロ、法律のプロと
呼べる人材を集めて困難なケースに取り組んでいます

中島 主事

控えめな性格だが、積極的に
仲間のサポート役を買ってで
ることができる新人職員。

藤間 主任

土地の境界確定や分筆、所有権
移転等の登記手続に詳しいベ
テラン職員。

井上 課長

若くして管理職試験に
合格した優秀な人材。

大和田 主事

宅建士の試験に合格したばかりの勉
強熱心な入区3年目の職員。

井上 主事

建築課から異動してきた建築士の資
格を有する職員。

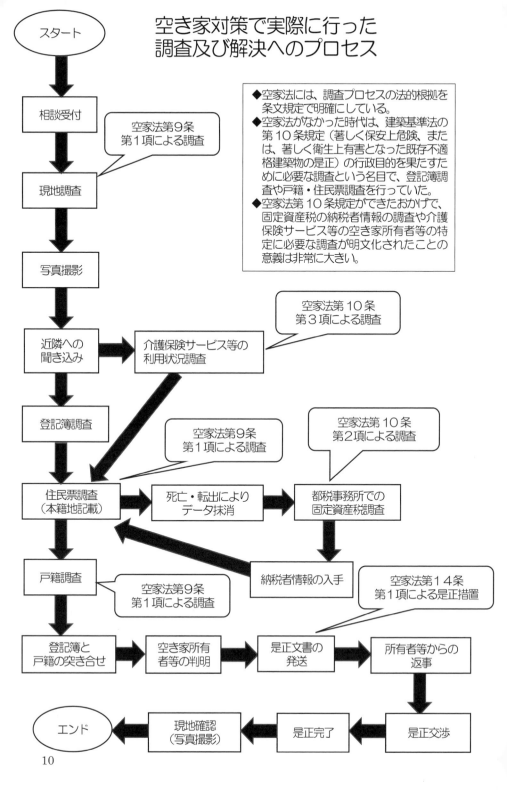

空き家対策で実際に行った調査及び解決へのプロセス

スタート

相談受付

現地調査 —— 空家法第9条第1項による調査

写真撮影

近隣への聞き込み —— 介護保険サービス等の利用状況調査 —— 空家法第10条第3項による調査

登記簿調査

住民票調査（本籍地記載） —— 死亡・転出によりデータ抹消 —— 都税事務所での固定資産税調査

空家法第9条第1項による調査

空家法第10条第2項による調査

戸籍調査 —— 空家法第9条第1項による調査

納税者情報の入手

登記簿と戸籍の突き合せ —— 空き家所有者等の判明 —— 是正文書の発送 —— 所有者等からの返事

空家法第14条第1項による是正措置

エンド ← 現地確認（写真撮影） ← 是正完了 ← 是正交渉

◆空家法には、調査プロセスの法的根拠を条文規定で明確にしている。
◆空家法がなかった時代は、建築基準法の第10条規定（著しく保安上危険、または、著しく衛生上有害となった既存不適格建築物の是正）の行政目的を果たすために必要な調査という名目で、登記簿調査や戸籍・住民票調査を行っていた。
◆空家法第10条規定ができたおかげで、固定資産税の納税者情報の調査や介護保険サービス等の空き家所有者等の特定に必要な調査が明文化されたことの意義は非常に大きい。

10

第 1 章　建築基準法関係の事例集

井上　主事

事例概要

事例NO.	01			
カテゴリー	所有権争いとなったシロアリ発生源の空き家			
事案時期	平成21年3月～平成22年12月 （空家法がない時代）			
課題事項	①無接道敷地 ②長年放置された空き家 ③空き家がシロアリの発生源となって近隣住宅が被害 ④親族間で所有権を巡って係争中			
登記情報	土　地	地　積	（A棟）44.72㎡	（B棟）70.34㎡
		地　目	宅地	宅地
	家　屋	種　類	居宅	登記不明なため不詳
		構　造	木造瓦葺2階建	
		床面積	1階　25.23㎡ 2階　25.23㎡	
事例概要	相談者は、空き家に隣接する土地に数戸の戸建住宅を建て販売した不動産会社である。空き家が長年、適切な維持管理がなされず放置されたため、シロアリの発生源となってしまった。新築してわずか10年も経っていないのに、建売分譲住宅は、深刻なシロアリ被害を受け、各居住者は防虫対策を防虫業者に依頼して高額な支出を毎年繰り返すこととなってしまった。販売に当たった不動産会社が住民からの苦情に耐えかね区に相談してきた事例である。区の前任者は当該事項が民事的な近隣紛争であるため、防虫対策については保健所を通じて業者を紹介した程度で、積極的に関与していなかったようだ。そこで、不動産会社が独自に空き家所有者に改善を求めようと交渉に乗り出すこととなったが、既に所有者は死亡していて、その子供たちで所有権を巡って裁判で争っていたことが判明した。相続人が確定していない段階では財産処分の行動が取れないとして、また、第三者による介入を許さないとして双方の弁護士から拒絶を食らってしまい、疲労困憊した不動産会社が再び区に話を持ちかけてきた事例である。			

現場の位置図

空き家を巡って
親族同士の
所有権争いがあり
その期間中に
近隣住民が
迷惑を被って
しまったという
事例です

山田　係長

幅員1m程の
路地状敷地

建築基準法上の道路②

建
築
基
準
法
上
の
道
路
①

無接道敷地

空き家
A棟
（接道要件あり）

空き家
B棟
（接道要件なし）

隣家

13

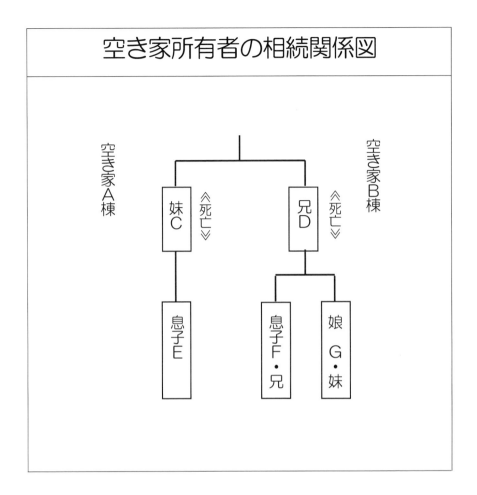

空き家所有者の相続関係図

空き家A棟 | 妹C 《死亡》 — 息子E

空き家B棟 | 兄D 《死亡》 — 息子F・兄 / 娘G・妹

覚えておきたい知識のミニテスト01

問題01　下記の（　　　）に適語を入れよ。
　2020年から2040年にかけて、高齢化の影響で（　①　）万人が死亡し、相続される土地の約（　②　）割が未登記地になる恐れがある。このような事象を「（　③　）」の到来と呼んでいる。

問題02　下記の（　　　）に適語を入れよ。
　2016年の地籍調査では、既に（　①　）の面積を超える未登記地があると判明したが、2040年にはこの未登記地の面積が720万haに達して、北海道の面積に迫る勢いとされている。

　ミニテストの解答は、34頁にあります。

【担当者による解説】

山田 係長

山田： この事例は、親族間の所有権を巡る争いで裁判となり、その間、空き家の維持管理について有効な手立てができず、そのため、近隣住民が酷い迷惑を被ったというものだったね。

林： そうですね。**相続関係図**を見てもらうと、先の空き家所有者は、実は兄妹同士であり、その息子たちが、つまりいとこ同士が所有権を争う形になって長期化していました。

山田： そして双方の息子たちも亡くなった親達の名義のままで**相続登記**はしていなかったんだね。

林： 亡くなった兄Dは生前から、近隣に迷惑がかからないようにとの意識が強く、息子Fと娘Gと一緒に老朽化した空き家の処分について役所に相談しに来ていました。

山田： そのためには建替えができるように空き家A棟の土地を購入したいという主張をしていたね。

林： これはどういうことかというと、兄Dが所有する空き家B棟の敷地は、**建築基準法**で再建築できる要件を満たさなくなっていたためでした。

山田： つまり空き家B棟の敷地には、道路②へ続く**路地状敷地**がありましたが、残念なことにその敷地の幅は1m程しかなく**無接道敷地**となっていたわけだね。

林： 空き家A棟は最初から建築基準法上の道路に指定されている道路①に接しているから再建築する場合は全く問題がないけど、空き家B棟は、道路②に接する路地状敷地の幅が1m程しかなく、**建築審査会**にかけて再建築の同意を得たくても、その前提条件としての幅が1.8m以上ないので、それすらできないという状態になっていました。

山田： だから、兄Dは近隣に迷惑をかけないようにするためには再建築をするしかないけど、そのためには空き家A棟がある土地を購入して、道路①側から**接道要件**を満たす必要があると考えたわけだ。

林 主任

15

林：　しかし、妹Cはその頃は既に他界していて、相続権はその息子Eにありました。

山田：　兄D側は、土地について揉めているので、場合によっては購入しても言いと妥協案を示したが、Eは、それに応じず、話ができないほど険悪な状況にあったようだ。

林：　土地について揉めている原因は、**民事事項**で行政は関わるべきことではないし、当事者でないと本当のところの詳細が分からないことですが、兄D側からの話では、空き家A棟の土地の登記簿上の名義は妹Cになっているけれども、元々は兄Dが当該地を所有していたそうです。

山田：　そこで兄Dは、妹Cの死亡により、土地を返還して貰えると考えていたところ、妹Cの息子はそれを拒否してその土地をそのまま相続しようとしたために空き家A棟の土地についての所有権争いが勃発したという伏線があるみたいだ。

林：　区としても、その頃は**空家法**もない時代だし、建築基準法の観点から、第8条の規定に基づき適正な維持保全（管理）について双方の側にお願いをするしかありませんでした。

山田：　土地の購入や所有権を巡っての争いは全くの民事事項であって行政が関与できるものではない立場でしたからね。

林：　それに、第8条の維持保全の規定は、罰則のない努力義務であり、所有者の自主的な判断に任せるもので、それがなされていないからといって、強制的に行政が所有者に対して家屋の維持管理をさせたり、行政指導したり、是正措置を講じたりできるものではありません。

山田：　不動産会社から相談を受けたときは、すでに両当事者がこれらの民事的な紛争を裁判所で決着をつけるという段階に入っていました。

林：　困ったことに、両当事者が裁判で係争中の間、近隣では当該空き家を発生源とするシロアリ被害を受けていたことです。

山田：　このシロアリは、日本の普通のじめじめした場所に生息しているものではなく、乾燥した木材でも平気で食い荒らすという外国産の**アメリカ乾材シロアリ**だった。

林：　そして、一般のシロアリに比べて性質が悪く、鉄筋コンクリート製のマンションで

も部屋の内部に使用されている木材に住み着いてしまう厄介な害虫です。

山田： 当該空き家の周りの住宅は、新築して１０年くらいのものばかりで、害虫駆除の業者の調べで目の前にある空き家が発生源になっていて、深刻な被害を受けていると知らされて、住人の皆さんは一同に心が折れてしまったという状況でした。

林： 不動産会社の立場では、住宅を購入してくれたお客であった住民の皆さんから、相当厳しく苦情が入って、途方に暮れてしまったということで区に相談されたわけです。

山田： 話をまとめると、第１段階は、無接道敷地における再建築について空き家所有者の当事者間で話がまとまらず困っているという相談でした。これは土地の購入や所有権を巡っての争いがベースになっている民事事項なので区は関与できず、裁判となりました。

林： 次に、第２段階は、近隣住民側からの相談で、当該空き家がシロアリの発生源になって被害を受けているから何とかしてくれというものでした。

山田： これもどっちかというと、建築基準法を司る行政が関与すべき問題かと言われれば、問題がシロアリ被害なので、本来は民事事項として、空き家所有者と近隣住民の当事者同士で決着をつけるべき内容かと思われます。

林： しかし、被害が当該空き家の隣で１件とか２件という数であれば、行政は関与できませんと言えたかも知れませんが、被害件数が多かったので、地域全体の建物が危機に瀕しているという状況を知りつつ、行政がなんら有効な手立てをせずにいたという事実は許されるのかという問題になります。

山田： 建築基準法には第８条の維持保全規定の他に第１０条規定というものがあります。

林： この規定は、**既存不適格**に関するもので、保安上危険な建築物等に対する措置というものです。

山田： この頃は、空家法がない時代でしたので、正直、急場しのぎで、この規定を根拠に対応をするしか手がありませんでした。

林： この規定についての考察は、姉妹本の８４頁〜８７頁をお読みください。

17

山田： 　第１０条の規定には「≪中略≫**特定行政庁**は、≪中略≫建築物の敷地、構造又は建築設備≪中略≫が著しく保安上危険であり、又は著しく衛生上有害であると認める場合においては、当該建築物又はその敷地の所有者、管理者又は占有者に対して、相当の猶予期間を付けて、当該建築物の除却、≪中略≫必要な措置をとることを命ずることができる。」と書かれています。

林： 　実際、空き家Ａ棟もＢ棟も老朽化が進んで、このまま放置すれば、倒壊して隣接する家屋を巻き込み、甚大な被害を生じる危険がありました。また、シロアリ被害が出ていることから、著しく衛生上も有害であるという認識に立ってもいいのではないかということになりました。

山田： 　現在は、空家法があるので、空家法の第３条で、「空家等の所有者又は管理者（以下「所有者等」という。）は、周辺の生活環境に悪影響を及ぼさないよう、空家等の適切な管理に努めるものとする。」と規定して空き家所有者に対して、空き家を適正に管理すべしという所有者の責任を明確にしています。

林： 　そして同法第４条では、「市町村は、第六条第一項に規定する空家等対策計画の作成及びこれに基づく空家等に関する対策の実施その他の空家等に関する必要な措置を適切に講ずるよう努めるものとする。」と規定して、行政が積極的に空家対策に関わっていくことを明記しています。

山田： 　だから、当時において、区が住民の要望を受けて、建築基準法の第１０条規定を頼りに動いたということは、結果論ですが、現在の法制度の視点からいえば理に適ったものといえるでしょう。

林： 　早速、区は空き家所有者の両当事者の弁護士にコンタクトを取りました。①係争中と聞いているが、いつごろ決着が着く見込みか、②シロアリ被害を受けている住民への対処はどうするのか、③建築行政の立場で言うと、老朽化が進み著しく保安上危険であり、シロアリの発生源となっていることが確認できたので、当該空き家は著しく衛生上有害であり、是正措置の対象となると話しました。

山田： 　兄Ｄ側の弁護士は、区の考えにすぐさま反応し、息子Ｆからも区に連絡が入るなど、近隣住民への対応を考えたいとのことでした。

林： 　ところが、妹Ｃ側の弁護士は、民事係争中の事案になぜ行政が介入するのだと怒り爆発で口論となりました。しかしその後、是正を求める文書を何度か発送しましたが、

結局、行政側の意向は無視されてしまいました。

山田： 区は近隣住民の皆さんにこれまでの経緯を報告したところ、不満が炸裂し、収拾がつかなくなりました。

林： しばらくして、相談者である不動産会社から連絡が入り、近隣住民の皆さんが空き家所有者あてに嘆願書を書いたので、それを区で受理して、双方の空き家所有者に送って欲しいという話がありました。

山田： 窓口で受け取った嘆願書には、シロアリ被害を受けた近隣住民全員の署名と捺印がありました。

林： 近隣住民の皆様から悲痛な思いが込められた嘆願書を窓口で受け取った旨の手紙を添えて、区は空き家所有者双方の弁護士に嘆願書を送り届けました。

山田： すると数日後に、空き家A棟の妹C側の弁護士から手紙が届いて、都合により本件の弁護を辞任するとありました。

林： その理由は、嘆願書をよく読んでみると判りました。①空き家を巡って係争中だとしてもそれは近隣住民には関係ないことである。②2年前に手紙を妹Cの息子Eに出したが何ら返事がなかった、③当時に比べると一段と空き家A棟の建物は傾き、瓦やベランダが落ち、一階部分のトタンが壁から外れ風が吹くたびに騒音に悩まされている、④シロアリの発生源となって近隣に迷惑をかけているのだから、建物を先ずは取り壊してから何年もかけて好きなように裁判で争えばいい。⑤万が一、地震や台風で更なる被害を受けた場合は、近隣全員で損害賠償の訴訟を起こすと書いてありました。

山田： また、嘆願書の文面では、兄D側の弁護士は現地に赴き、近隣住民の気持ちに寄り添う対応をその時々に行っていたので、好感が持たれていたようだ。

林： その後、兄Dの息子Fから電話が入り、決着が着いたので、すぐさま空き家2棟を除却しますのでご安心くださいとのことでした。相談者の不動産会社にそのことを連絡して近隣住民の皆さんにも伝えて頂きました。

山田： 息子Fから除却完了の報告を受けて現地に行ったところ、綺麗さっぱりと更地になっていました。近隣住民の皆さん大喜びでした。

林：　この事例では区が主導権を握って除却へと導いたというよりは、空き家のシロアリ被害を受けた近隣住民の皆さんが一致団結して、民事レベルで法的な訴えも辞さないという覚悟を空き家所有者に対して示したことが大きいと思います。

山田　係長

関係法令の説明

関係法令	条文規定
建築基準法	（維持保全） 第８条　建築物の所有者、管理者又は占有者は、その建築物の敷地、構造及び建築設備を常時適法な状態に維持するように努めなければならない。
説　明	建築基準法第8条の条文は、空き家対策で関わる重要な規定のひとつです。 第8条は建物の維持保全について定めたもので、所有者等に対して、建物を常時適法な状態で維持管理に努めるよう促した規定です。しかし、維持管理はお金のかかる事項であり、憲法で財産権が保障されているため、行政が所有者等に対して強制的に管理はああしなさい、こうしなさいとはいえません。あくまでも本人の経済的な事情に即して自主的な判断に任せるというものです。 また、その管理を充分にしなかった場合でも法律上の罰則でもって行政が処罰するというものではありません。 その意味で、努力規定と解されています。 しかし、所有者等が適切な維持管理をせずに、周囲の人たちに迷惑をかける事態となり、人の生命や財産に対して危害を加える結果を生じた場合は、刑法上の罪が問われ、民事上の賠償責任が発生する可能性があるので注意を要します。

関係法令の説明

関係法令	条文規定
建築基準法	（保安上危険な建築物等に対する措置） 第10条 3 ≪中略≫特定行政庁は、≪中略≫建築物の敷地、構造又は建築設備≪中略≫が著しく保安上危険であり、又は著しく衛生上有害であると認める場合においては、当該建築物又はその敷地の所有者、管理者又は占有者に対して、相当の猶予期間を付けて、当該建築物の除却、≪中略≫必要な措置をとることを命ずることができる。
説　明	建築基準法第10条の条文は、空き家対策で関わる重要な規定のひとつです。 第10条は、既存不適格となった建物で、損傷、腐食その他の劣化が進み、そのまま放置すれば著しく保安上危険、又は、著しく衛生上有害となった場合に行政が所有者等に対してその改善のために必要な措置をとることを命じることができる規定です。 この点、空き家で社会問題化した本質は、空き家を管理する人物が死亡等により不在となり、あるいは経済的な事情で建物の管理が行き届かなくなって、敷地内の雑草や立木等が繁茂し、近隣に迷惑をかける等の事象が原因となっています。 そのため、この第10条というよりも第8条に関する事項が原因とみた方が妥当と思えます。 しかし、空家法がなかった時代では、第8条には行政が所有者等に対して是正措置を命じる強制規定がないために、本来は建物が既存不適格となった場合に適用する第10条規定で空き家問題に対応するしか手がなかったわけです。

≪用語説明≫

相続関係図
　相続財産等が発生した場合に必要とされるもので、死亡した人の全ての相続人の関係性を表した図のこと。婚姻関係は二重線で示しそれ以外は1本の実線で繋げて作成する。

相続登記
　不動産の所有者が死亡した場合、その不動産を被相続人（死亡した所有者）から相続人（相続する人）へと登記の名義を変更すること。法律上、相続人への名義変更については義務ではないので、死亡した所有者の名義のままの状態で放置されるケースが多い。しかし、そのまま放置しておくと相続人が複数いる場合の相続人の確定や遺産分割協議書の作成には困難が生じることとなり、他人に不動産を売却する際や不動産を担保に金融機関などから融資を受ける場合には、先に相続登記を済ませないとその処分ができないので注意が必要である。

建築基準法（昭和25年5月24日法律第201号）
　昭和25年に制定された日本の建築物等について根幹をなす法律。建築物の敷地や設備・構造・用途に関してこれだけは守って欲しいという最低限の基準を定めている。ただし、建築技術の進歩や社会状況の変化等に伴い頻繁に改正される。また、文化財保護法等で、国宝や重要文化財に指定された建築物や法令の改正によって現行の規定内容と合わない部分が生じてしまった既存不適格と呼ばれる建築物には適用されない。

路地状敷地
　他の敷地に囲まれた袋地が、道路に抜けるために存在する通路部分の敷地のこと。この路地状敷地と袋地の形が、一般に旗とそれを支える竿のような形に見えることから「旗竿敷地」ともいわれる。

無接道敷地
　建築基準法の接道要件を満たしていない敷地のこと。この敷地では再建築等の工事が認められないため、敷地の有効活用が望めないことから売却等の処分が困難となる。それによって「死に地」と呼ばれることが多い。無接道敷地ができた背景としては、昔の大地主が相続税対策等の理由から建築基準法の接道要件を考慮に入れず、分筆（土地の分割）して借地人等に土地を切売りしてしまったことがあげられる。

建築審査会
　建築行政の公正な運営を図るため、建築基準法第78条第1項に基づき建築主事を置く区市町村及び都道府県に置かれる附属機関のこと。この建築審査会では、建築物の許可に対する同意のほか、建築行政の処分に対する審査請求の裁決等を行っている。建築審査会は5～7人の各分野の有識者で構成されている。

接道要件
　建築基準法第43条で規定されている要件のこと。建築行為（新築・増築・改築・移転）等を行う場合は、建築を行う敷地が建築基準法上の道路（法第42条に規定された道路）と指定された道路に2メートル以上接していることが求められている。

民事事項
　私人間の法律関係に関する事項、あるいは私法上の法律関係に関する事項のことで、警察や行政はこれらに関する問題には関わらないとする「民事不介入の原則」がある。

空家法
　空家等対策の推進に関する特別措置法（平成26年11月27日法律第127号）のこと。この法律が成立したことによって、法律上初めて、空き家とはどういう状態のことかが明確

となり、行政が是正措置に取り組むべき空き家の対象も明らかになった。

アメリカ乾材シロアリ
　アメリカ原産のシロアリで家具や輸入木材等の中に潜む形で外来した。家の家具や窓枠、フローリング、扉、畳等に生息して有翅アリ・兵隊アリ・働きアリの３種でコロニーを形成する。

既存不適格
　建物の建築当初は、その時の建築基準法に沿って造られるので、当然、適法な状態にあるが、その後の度重なる法改正や都市計画の変更等によって、現行の法令と合わない部分が生じることがある。この状態を不適格と呼び、そのような建物を既存不適格建築物という。当初から法令に反した違反建築物等とは異なるが、増築や建替え等をする際は、現行の法令に適合する形で建築する必要がある。

特定行政庁
　建築主事を置く地方公共団体、及びその長のこと。ここでは、建築確認申請や違反建築物に対する是正命令等の建築行政全般を担っている。

石井　主事

知って得するコラム　その１

1、公図の見方について

◆空き家の売却処分や利活用（改修工事や建替え等）を行う場合、空き家のある敷地がどういう道路と接道しているかで対応が異なってきます。つまり、不動産業界でいうところの道路付けというもので、不動産は、「道路に始まり、道路で終わる」と言われています。そこで、空き家の敷地の道路付けを確認できる資料として、法務局で入手できる**公図**がありますので、その見方を説明しようと思います。

◆右の公図上で「**道**」と書かれた敷地がありますが、これは**国有無番地**の部分で、法務局で保管されている旧公図ではその部分が赤く塗られているので、「**赤道（あかみち）**」と呼ばれています。ちなみに、水路敷地は「**青道（あおみち）**」と呼ばれています。

◆道路敷地としての赤道や水路敷地としての青道は国有地で成立しているので、地番は付いていませんが、それ以外の宅地等の民地（私有地）は所有者を特定する必要があるため登記地番が付いています。

公図とは、法務局に備え付けられている不動産登記法第14条に規定された地図に準ずる図面のことで、土地の大まかな位置や形状を表している。

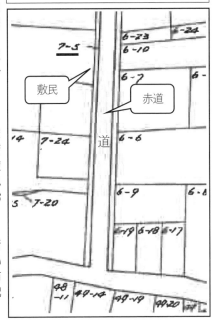

◆右の公図で、下線が引かれた登記地番**7-5**のように赤道に沿うように細い帯状の敷地のことを「敷民（しきみん）」といいます。敷民は正式には、「道路敷地民有地」といいます。これはまわりの民地の一部が、道路法の適用によって道路敷地として編入されてしまった部分です。この敷地は道路法第4条の「**私権の制限**」規定により、道路以外の所有権の行使が制限されています。そのため、地権者がこの敷民と宅地とを明確に分ける目的で道路の現況線に合わせて分筆する場合があります。このように道路敷地は、赤道単体でできているものや赤道とまわりの民地（敷民）とで構成されているものがあります。ところで、この敷民では、固定資産税が非課税になったり、道路を管理する行政が所有権移転を行わなくても管理できるため、敷民の所有者が亡くなっても相続の財産目録から外されたり、相続登記等も行われず放置されることが多々あります。法務局で登記簿を調べたとき、何十年も昔に亡くなった所有者の名義のままで残っている場合があります。このように現在の所有者の名義に登記変更されていない土地は「未登記地」と呼ばれ、相続関係者に辿り着けない等の不都合が生じ、社会問題化しています。また、この未登記地には道路敷地だけでなく、放置された迷惑空き家等の敷地についても同様な現象が生じています。そのため、2040年には、北海道の面積に匹敵する720万ヘクタールに達すると危惧されて、その解消のために平成30年に所有者不明土地法が成立されました。

◆昭和34年の「メートル法」の完全施行によって、それまで日本の度量衡として用いられてきた長さの単位としての「間尺（けんじゃく）単位がメートル単位へと変わりました。そのため、「1間幅」、「2間幅」と呼ばれていたものが、「1.82メートル幅」、「3.64メートル幅」と呼ばれるようになりました。この点、赤道や昭和34年以前にできた道路等の幅は昔の間尺単位で決められていますので、幅員が3.64メートルとか4.54メートルとなります。ちなみに、1間＝6尺＝1.82メートルです。身近な使用例としては部屋の押入の幅が、「1間の押入」と呼ばれ、戦国時代の小説では、「6尺の大男が戦場を駆け抜けて行った。」等の記述があります。

2、道路敷地の構成について

区道の管理区域内に存する道路敷は、主に次の3種類により構成されています。（他に都有地等が存在する場合もあります。）

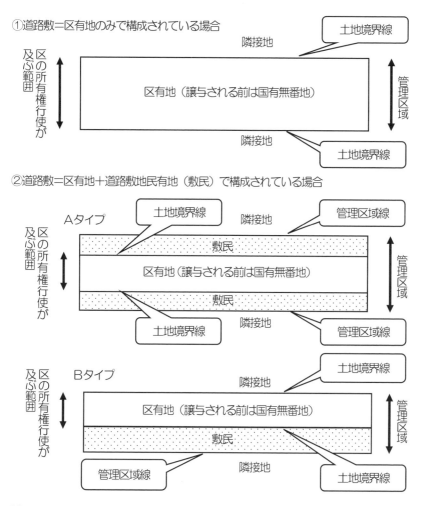

①道路敷＝区有地のみで構成されている場合

②道路敷＝区有地＋道路敷地民有地（敷民）で構成されている場合

③道路敷＝道路敷地民有地（敷民）のみで構成されている場合 → 全敷と呼ばれている。

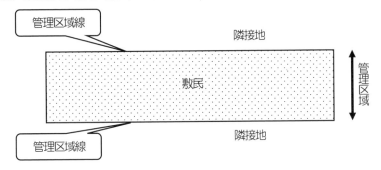

◆敷民が、道路敷地として編入されるとき、寄付のような所有権移転を伴わないケースとしては、「無償使用承諾」という形で行政と取り交わしを行っている場合があります。
　一般に、道路敷地となった場合は、登記上の地目は「公衆用道路」となり、固定資産税も非課税の措置が行われますが、なかには地目が宅地のままで税金を納めているケースも見られます。

◆左頁や上記の図で、道路法の適用を受けて、行政が道路管理者として、管理権を主張できる範囲を「**管理区域**」といいます。また、区有地は区の所有権行使が及ぶ範囲となっています。それにより、道路と隣接地の境界線は、**管理区域線**となり、Aタイプのような「区有地と敷民」あるいは、Bタイプのような「区有地と隣接地」との所有権境を示す境界を**土地境界線**といいます。

覚えておきたい知識のミニテスト02

問題01　下記の（　　　）に適語を入れよ。
　不動産登記簿等の所有者台帳によっても、所有者の氏名や居住先等が直ちに判明しない土地を（　①　）と呼ばれている。このような土地が増えないようにするための具体案としては、相続登記の義務化、（　②　）やランドバンク等の取り組み、土地を手放すことができる仕組みづくりとして、（　③　）を設置することが考えられている。

問題02　下記の（　　　）に適語を入れよ。
　所有者が不明な土地を改善するための法律が次々と制定された。その中で、所有者が不明な土地の所有者を探索する（　①　）委員が調べても特定できなかった場合は、（　②　）の申立てに応じて裁判所が選任した（　③　）管理者によって売却等の処分ができる新たな（　④　）制度が設けられた。

ミニテストの解答は、34頁にあります。

事例概要

事例NO.	02		
カテゴリー	倒壊後も放置された空き家		
事案時期	平成23年6月〜平成29年3月 （空家法がない時代から始まった事例）		
課題事項	①無接道敷地 ②長年放置された空き家 ③家屋が朽ち果て、部分的に倒壊が始まっている ④生活環境の悪化に伴い、隣地アパートの住人が退去 ⑤隣接住人のアパート経営が危機		
登記情報	土 地	地 積	132.74㎡
		地 目	宅地
	家 屋	種 類	居宅
		構 造	木造瓦・亜鉛メッキ鋼板葺平屋建
		床面積	A棟46.52㎡　　B棟23.34㎡
事例概要	相談者は、隣接居住者である。長年放置された当該空き家が朽ち果て2階部分の壁面が崩れ落ち、大きな穴が空き、外から家の中が丸見えの状態となった。その後風雨にさらされたため、2階部分の床が1階に崩れ落ちて、建物全体が斜めに傾き始めた。家の周りの草が繁茂し、特につた類が家屋全体に覆い茂り、家屋全体がまるで緑のオブジェのような状態となった。放置された空き家は所有者も見捨てた状態にあったため、野良猫などの動物の巣窟となり、さらに環境悪化が進んだ。隣家でアパートが経営されていたが、次々にそこの住人が逃げ出す結果となり、アパートを経営している住人から区へ相談が入るようになった。区は登記簿や戸籍・住民票、都税事務所での税務調査を行い、現在の所有者の氏名と住所を突き止め、是正を促す文書を発送したが、所有者はそれを無視し続け、とうとう強い地震に揺られ家屋は全倒壊した。		

現場の位置図

困ったことに
空き家がある
場所は
無接道敷地
だったのです

石井 主事

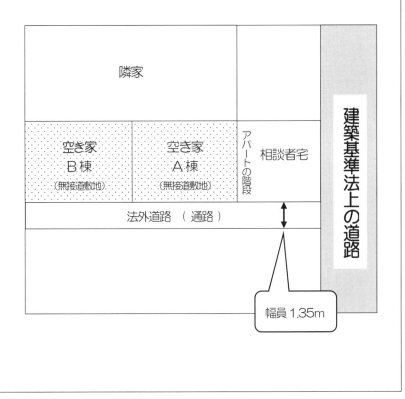

隣家

空き家
B棟
（無接道敷地）

空き家
A棟
（無接道敷地）

アパートの階段

相談者宅

法外道路 （ 通路 ）

幅員1.35m

建築基準法上の道路

【担当者による解説】

石井　主事

石井：　本件は、空き家が倒壊した後も所有者によって平然と放置され続けた実に特異な事例です。

中島：　そうでしたね。相談が入ったのは平成23年6月で、隣家でアパート経営をされている住人の方からでした。

石井：　相談のあった時の15年以上の前から適正な維持管理がなされず、放置され続けた空き家でした。そのため、区が現地調査に入った時には既に2階部分の壁面が崩落し、建物の中が丸見えの状態にありましたね。

中島：　それに、家屋の周りの草木が繁茂し、特につた類が壁一面に覆いかぶさる状態で、建物の形が判別できないほどで、まるで緑のオブジェを見ているような気がしました。

石井：　壁面に大きな穴が開いているために風雨にさらされ、柱などの腐食が進み、少し家屋が北側へ傾いているような状態にありました。

中島：　野良猫などの動物が住み着いて異臭も感じ、隣家のアパートに住んでいた住人が次々に出ていく始末でした。

石井：　すぐさま**法務局**で登記簿の調査をして、登記簿に記載された所有者の氏名・住所を調べることができましたが、住所地は昔の町名の時代のままでした。だから、現住所がどこに相当するのかを調べるのが一苦労でした。

中島：　そして、ようやく現在の住居表示が判明したので、それを手掛かりに住民票を確認しましたが、所有者は既に亡くなっているらしく、該当なしとなりましたね。

石井：　住民票は**住民基本台帳法施行令**の規定により、死亡または転出で5年以上経過すると、住民データが抹消される（改正前の時代の話です。詳細は38頁参照。）ことになり、それ以上の追跡調査は不能となってしまいます。

中島　主事

中島：　だから空家法が成立する以前のことでしたので、しばらくこのまま棚上げ状態となりました。

石井：　ところが、平成26年に空家法が成立し、その翌年の平成27年6月に再び、隣家のアパート経営者から再度相談が入りました。

中島：　建物が前より随分と傾き出して危険な状態という訴えでしたね。

石井：　すぐさま再度法務局に赴き、登記簿の調査を行ったところ、平成25年に所有者が死亡し、その息子さんが相続登記していることが判明しました。

中島：　そこで、**都税事務所**に行って、**空家法第10条**規定に基づく税務調査を依頼したところ、都税事務所より現在の納税者に関する最新の情報が確認できたとの連絡を受けたので、都税事務所から得た情報を基に他県に住む納税者に関する戸籍と**戸籍の附票**を取り寄せて、現住所を確定することができました。

石井：　所有者あてに空き家が倒壊の危険性があることを知らせる手紙や修繕と適正な維持管理を求める文書を現場の写真を添付して合計4回も**配達証明**で発送しました。

中島：　しかし、なかなか返事が返って来ないので心配していたら、1回だけ、「どうしたらいいんですか。」と逆に問い合わせの内容の手紙がくる始末でした。

石井：　「どうしたらいいんですか。」という次元の問題ではなく、早急に現場を訪れて、迷惑を被っている住民の方々に謝罪して、空き家を修繕するなり、除却するなりの方針を説明する必要があるでしょって言いたい気持ちでしたね。

中島：　でも、こちらの意向は全て無視され、とうとう平成28年5月16日、21時23分に茨城県南部を震源とする最大深度5強の地震（地震の規模はマグニチュード5.5、震源の深さ42km）が発生し、その強い揺れの影響で空き家が全倒壊してしまいました。倒壊したことで、空き家の屋根材や壁面資材が隣接家屋の物置や相談者が経営するアパートの階段の踊場の上に崩れ落ち、かろうじて残った建物の一部も大きく傾き、隣接家屋に寄りかかる状態となりました。

石井：　倒壊した翌朝、相談者のアパートの住民が総出で敷地内に入り込んで山と化した瓦礫の撤去に大わらわでした。その後、しばらくして、所有者の代理人と称する人が役所に来て、当該地での建物の建て直しを求める請求を建築審査会に出したんですね。

中島： これはどういうことかというと、当該地は再建築ができないという、いわゆる無接道敷地だったわけです。つまり、区から除却などの対応を求められていたわけですが、所有者の立場で考えると、早々に除却すると**固定資産税の住宅用地の軽減措置特例**が解除されて、本来の税額に戻る（現在の額より６倍になる）ため、うかつに除却できない。

石井： かといって、無接道敷地であるため、再建築が不可なので、土地を売ろうとしても足元を見られて買い手に安く買い叩かれてしまう。

中島： 後で聞いた話ですが、所有者は水面下で、相談者に土地を買って貰えないかと持ち掛けてきたそうですが、相談者が支払える限度を超える金額を提示していたそうです。

石井： そこで、所有者が考えたのは、再建築を**建築基準法第 43 条の但し書き**に従って、建築審査会の同意を得て特定行政庁の許可を貰って建て直しを図るというものでした。

中島： しかし、当該地に接する道は**法外道路**で、その道幅も審査会に諮るとしてもその前提の 1.8m を大きく下回る 1.35m しかありませんでした。

石井： ところが、所有者の代理人は、倒壊した当該建物は昭和２９年に現在の所有者の父親が購入したが、現行の建築基準法が制定される昭和２５年以前の**市街地建築物法**の時代に特例許可を貰って建てられたものであり、今回も同じように審査会で再建築に対する同意を得たいと主張しました。

中島： しかし、現行の建築基準法の特例措置としての審査会の同意はあくまでもその時に認められた特例であって、次回も同じように当然にその特例が認められるという性質のものではありません。

石井： 現在は、市街地建築物法時代の社会的な事情とは大きく異なるし、現在の建物の安全性や耐震性・耐火性、街の防火環境の整備などを考えると、道幅が 1.35m 程度しかない通路に接する 130 ㎡を越える敷地に建築を認めろということは無理な話でした。

中島： 当然、審査会の結果は NG でしたね。

石井： ところが今度は、倒壊した空き家の瓦礫の始末がなかなかなされないという新たな局面に入りました。

中島： 審査会の同意を取り付けられれば、再建築が可能な土地ということになるので、資産価値が上がって、土地の売買の対象となります。土地が売れれば、その際のお金で瓦礫の処分は出来たはずです。

石井： しかし、売れなかったので、所有者も瓦礫の撤去費用を捻出できずに困ってしまったというのが実情なのではないでしょうか。

中島： 区役所で、警察・消防・保健所の係長級が一同に集う会議があったので、この件について報告をさせて頂きました。その席上、この件に限らず、今後空き家が倒壊する危険性が高まった際に、（1）被害者の救助が問題となるので、未然に危険を周知する等の対応が求められるか、（2）行政指導を受けても対応しなかった空き家所有者へは、刑法上の罪が問われるか、（3）倒壊した家屋の後始末の費用をどうするかが議論されましたが、結論には至りませんでした。

石井： 現在のところ、区では、（3）の費用は予算化されるような仕組みがないため、このような倒壊事件が発生しても何ら対応することができません。

中島： ところが、平成29年3月に、とある不動産会社によってこの倒壊した空き家と土地が買い取られ、瓦礫の山となった廃棄物がめでたく除去され、更地となりました。

石井： 好都合なことに、ここの跡地は私鉄の駅から近い場所にあったためか、バイクの駐輪場等として利活用が可能と表示されてネットで新しい土地の購入者を募るようにもなりました。

中島： 空き家が倒壊して、瓦礫の山と化した場合の処理として、現行法令をみると、首長が空き家の所有者に処分の命令ができるとする法令としては、「**道路法**」や「**廃棄物の処理及び清掃に関する法律**」があります。

石井： しかし、いずれも処理費用は所有者が出すことになっているので、今回のケースのように所有者にとって費用の捻出が難しい場合はどうすればいいでしょうか。

中島： 行政が「公共の福祉」の名の下で区民の税金を投入することになるのでしょうか。

石井： バス通りや商店街、通学路、防災上避難経路として重要な役割を果たす生活道路等に接する空き家が倒壊した時は、そこに公金を投入しても、区民からは反対されることはないかも知れません。

中島：　しかし、袋地や住宅に囲まれた場所、建築基準法上、無接道敷地にある違反建築物として指摘を受ける空き家等に対して、公金を支出することになると、理解は同様に得られるのでしょうか。

覚えておきたい知識のミニテストの解答

ミニテスト01（14頁）

問題01
①160、②23、③大量相続時代

問題02
①九州

ミニテスト02（27頁）

問題01
①所有者不明土地、②空き家バンク、③新たな組織

問題02
①所有者等探索、②利害関係人、③特定不能土地等、④財産管理

ミニテスト03（56頁）

問題01
①相続財産、②換価、③特別縁故者④国庫帰属

問題02
①不在者財産、②利害関係人、③予納金

ミニテスト04（61頁）

問題01
①予納金、②30、③100

問題02
①供託、②時効消滅、③国庫

ミニテスト05（70頁）

問題01
①不適格、②物納劣後

問題02
①337、②628、③不適格

ミニテスト06（111頁）

問題01
①3ヶ月、②相続放棄、③相続財産管理人、④利害関係人

問題02
①利害関係人、②相続財産管理人、③予納金、④換価

ミニテスト07（159頁）

問題01
①200、②用途、③耐火建築物、④認定基準

問題02
①4号、②大規模、③模様替

ミニテスト04　問題01の予納金の金額に関する資料元
「所有者不明土地問題に関する最近の取組について」6頁
　不在者の財産及び相続財産の管理に関する民法特例
（国土交通省土地・建設産業局企画課、令和元年5月）
http://www.mlit.go.jp/common/001290035.pdf

関係法令の説明

関係法令	条文規定	
建築基準法 第43条 平成30年改正	改正前	（敷地等と道路との関係） 　建築物の敷地は、道路（省略）に二メートル以上接しなければならない。 　<u>ただし、（省略）、特定行政庁が交通上、安全上、防火上及び衛生上支障がないと認めて建築審査会の同意を得て許可したものについては、この限りでない。</u>
	改正後	（敷地等と道路との関係） 　建築物の敷地は、道路（省略）に二メートル以上接しなければならない。 2　前項の規定は、次の各号のいずれかに該当する建築物については、適用しない。 　一　その敷地が幅員四メートル以上の道（省略）に二メートル以上接する建築物のうち、利用者が少数であるものとしてその用途及び規模に関し（省略）、特定行政庁が交通上、安全上、防火上及び衛生上支障がないと認めるもの 　二　<u>（省略）、特定行政庁が交通上、安全上、防火上及び衛生上支障がないと認めて建築審査会の同意を得て許可したもの</u>
説　明　図		

関係法令の説明

関係法令	条文規定
建築基準法 施行規則	（敷地と道路との関係の特例の基準） 第１０条の３　法第四十三条第二項第一号の国土交通省令で定める道の基準は、次の各号のいずれかに掲げるものとする。 　一　農道その他これに類する公共の用に供する道であること。 　二　令第百四十四条の四第一項各号に掲げる基準に適合する道であること。 ２　令第百四十四条の四第二項及び第三項の規定は、前項第二号に掲げる基準について準用する。 ３　法第四十三条第二項第一号の国土交通省令で定める建築物の用途及び規模に関する基準は、延べ面積（同一敷地内に二以上の建築物がある場合にあっては、その延べ面積の合計）が二百平方メートル以内の一戸建ての住宅であることとする。
説　　明	国交省の調査で、空き家総数はこの 20 年間で 1.8 倍増加していて、戸建住宅ストックの数が、約2,800 万戸あると判明した。調査結果は以下のとおり。 （戸建住宅ストック 2,800 万戸の面積分布） ①100 ㎡未満が、3割 ②100 ㎡以上〜200 ㎡未満が、6 割 ③200 ㎡以上が、1 割 そこで、規制緩和の対象を 200 ㎡以下の規模の戸建住宅とすれば、全体の9割をカバーできることから、戸建住宅から特殊建築物への用途変更の建築確認申請については不要とされた。 また、本規定のように 200 ㎡以下の戸建住宅の場合は、無接道敷地であっても各自治体が定める認定基準に合致していれば、建築審査会の同意を得ることなく再建築等の工事が認められることになった。

《上記の調査結果の資料》
　戸建て住宅等の用途転用の円滑化（建築基準法の改正）について
（令和元年 5 月 17 日 国土交通省 住宅局 建築指導課）
http://www.mlit.go.jp/common/001292027.pdf

関係法令の説明	
関係法令	条文規定
住民基本台帳法施行令	【改正前】 （保存） 第三十四条　市町村長は、第八条、第八条の二、第十条若しくは第十二条第三項の規定により消除した住民票（世帯を単位とする住民票にあっては、全部を消除したものに限る。）又は第十九条の規定により全部を消除した戸籍の附票を、これらを消除した日から<u>五年間保存するものとする。</u>第十六条（第二十一条第二項において準用する場合を含む。）の規定に基づき住民票又は戸籍の附票を改製した場合における改製前の住民票又は戸籍の附票についても、同様とする。 【改正後】 （保存） 第三十四条　市町村長は、<u>除票又は戸籍の附票の除票を、</u>これらに係る住民票又は戸籍の附票を消除し、又は改製した日から<u>百五十年間保存するものとする。</u>
説　　明	空き家調査の最大の障壁がこの規定だった。死亡又は転出後５年を経過した場合は、住民票のデータが抹消されてしまい、登記簿に記載された空き家所有者や相続人の追跡調査が不能となってしまったからだ。そこで、行政は空家法の成立を待って、その第10条の規定により、固定資産税の税務調査を行い、納税者の戸籍・住民票から登記簿上の所有者との関係性を辿り、指導していく方法がとられた。しかし、令和元年に住民基本台帳法施行令が改正され、住民票の保存期間が５年間から150年間に延びた。そのため、改正後は、行政は税務調査をしなくても所有者の本籍地記載の住民票を入手して、指導ができる環境が整ったということになる。しかし、改正前の事案については、既に住基データが抹消されているため、従前どおりの調査を行うより方法がない。

≪用語説明≫

法務局
　法務省設置法（平成１１年法律第９３号）第１５条に基づき設置された法務省の地方支分部局の一つで、国籍・戸籍・登記・供託及び公証に関する事務や司法書士及び土地家屋調査士に関すること、人権擁護運動などに関すること、国の利害に関係のある争訟に関することなどを処理する地方機関のこと。

登記簿
　権利の保護と取引の安全性を確保する目的で法務局に公示資料として保管された帳簿（公簿）のこと。この帳簿には、不動産や船舶等の財産に関する権利関係が記載されたものや法人・商人の取引主体の資格等について記載されたものがある。利害関係人の申請により登記簿の閲覧や謄本・抄本としての交付が可能。不動産に関しては土地の表示や権利関係を記載した土地登記簿、建物に関する建物登記簿がある。

住民基本台帳法施行令
　この施行令（昭和４２年９月１１日政令第 292 号）には住民票の保存期間について以下のような規定がある。※事例の時代は、改正前の条文です。
　（保存）
第３４条　市町村長は、第８条、第８条の２、第１０条若しくは第１２条第３項の規定により消除した住民票（世帯を単位とする住民票にあっては、全部を消除したものに限る。）又は第１９条の規定により全部を消除した戸籍の附票を、これらを消除した日から５年間保存するものとする。第１６条（第２１条第２項において準用する場合を含む。）の規定に基づき住民票又は戸籍の附票を改製した場合における改製前の住民票又は戸籍の附票についても、同様とする。

都税事務所
　都内に置かれている東京都主税局の都税機関のこと。２３区内では、道府県税のほか市町村税の一部を都税として課税しているので、都税事務所が固定資産税を扱っている。

空家法第１０条
　空家法に規定された条文の一つで、空き家等の所有者等を把握するために固定資産税情報の行政における内部利用について定めたもの。空き家対策を担当する部署が空き家の登記簿調査をしてそこに記載されている所有者の氏名や住所を確認しても、既に所有者が死亡していて相続登記がなされず放置されている場合がある。その場合、現在の所有者である相続人を探索する有力な手掛かりとして、固定資産税の納税者情報を入手することがあげられる。しかし、厳格な税に関する個人情報の保護のため、役所内の他部署がその情報を入手することはできなかった。そこで、空家法のこの規定により、空き家対策の部署が固定資産税情報を合法的に入手し、空き家所有者の探索の道が開かれることとなった。一般に固定資産税は市町村における基礎的な税収となっているが、東京23区の場合は、東京都の主税局が管轄する各地域の都税事務所が取り扱っている。区役所はその税情報を入手するためには都税事務所に情報開示の申請を行う必要がある。

戸籍の附票
　戸籍の本籍地に保管されている住所の移転履歴を記録した書類のこと。そのため、本籍地以外の役所では交付してもらうことができない。住民票は死亡・転出後５年間を経過するとデータが抹消されるが、この附票は戸籍と共に残っている。しかし、結婚や転籍等によって戸籍が除籍されて５年が経過すると、そのデータも抹消されてしまう。つまり、住民票においては、死亡や転出によってその住所地から離れると５年でデータが抹消され、戸籍の附票では、結婚や転籍等でその戸籍から除籍されると５年でデータが抹消されることになるので注意が必要だ。（※令和元年の施行令の改正で保存期間が５年から 150 年に延びた）。

配達証明
　日本郵便の郵便サービスの一つで、一般書留郵便物等を配達した事実を証明するもの。郵便物を配達・交付した際に郵便物等配達証明書を差出人に送付して配達した事実を証明する。

固定資産税
　地方税法第343条第1項に規定される地方税で、土地・建物・有形償却資産である固定資産の所有者に対して課税される税金のこと。賦課期日（課税基準日）は1月1日であり、普通徴収により税金を納める。土地・建物は登記簿等によって課税する市区町村によって把握されるが、東京23区については、地方税法第734条の規定により、区ではなく、東京都が課税することになっている。なお、老朽化した空き家等については、建物が著しく損壊・損傷している場合には固定資産とみなされず、非課税扱いとなることがある。

住宅用地の軽減措置特例
　住宅やアパート等、人が居住するための建物の敷地として利用されている土地（住宅用地）について税金が軽減される措置が行われていること。200㎡以下の小規模住宅用地については、固定資産税が6分の1、都市計画税が3分の1となっている。200㎡を超える一般住宅用地は、それぞれ3分の1、3分の2となっている。

建築基準法第43条の但し書き
　平成30年の改正が行われる前までに規定されていた建築基準法の条文規定の一つ。同条第1項で、建物が建築できる要件として、建築基準法第42条で規定された道路に敷地が接していることが求められている（接道要件）。しかし、この接道要件を満たさない敷地であっても、建築審査会の同意を得て、特定行政庁が許可した場合については、特例措置として建築等の工事が認められるとされていた。

法外道路
　建築基準法第42条で規定された道路に指定から外れた道路のこと。この道路に敷地が接道していても建物を建てることはできない。この道路は、一般に通路と呼ばれることが多い。

市街地建築物法（大正8年法律第37号）
　建築基準法の前身に当たるもので、日本の近代国家において建築に関する最初の法律といえる。ただし、当時の法律の対象地域は、東京・横浜・名古屋・京都・大阪・福岡などであり、主な内容については都市部における防火規定が中心であった。その理由は、昔の建築に携わる人たちがいわゆる大工さんであり、その技術力が大変優れていたために、取り立てて現在のように細かく安全基準を設けなくても、当然のこととして安全についての手立てがなされていたことによる。そのため、個々の建物の安全基準（単体規定）よりは、街にとってどういうことが安全の確保に繋がるか（集団規定）の視点で捉えた場合に、街の防火に焦点を当てて主に建物の外壁や屋根等に対して規制を行っていた。

道路法（昭和27年6月10日法律第180号）
　公道を管理する上で根拠となる法律。この法律の第1条では、「道路網の整備を図るため、道路に関して、路線の指定及び認定、管理、構造、保全、費用の負担区分等に関する事項を定め、もって交通の発達に寄与し、公共の福祉を増進すること」が目的となっている。この法律の対象となる道路は、高速自動車国道、一般国道、都道府県道および市町村道の4種類（第3条）。この道路法の適用を受けた道路が公道であり、国道、都道、県道、区道、市道、町道、村道等の名称が付いている。高速自動車国道、一般国道は国が、都道府県道は都道府県が、区市町村道は区市町村がそれぞれ公物として管理している。一般の人が自由に往来できるためには、内閣や地方議会の路線の指定・認定・道路区域の決定等が行われ、道路として整備され、公共の交通の用に供するための告示（供用開始）等の手続が行われる必要がある。なお、この公道の幅員4m以上のもので建築基準法上の道路として指定を受けた場合は、42条1項1号の道路法の道路となる。

廃棄物の処理及び清掃に関する法律（昭和 45 年 12 月 25 日法律第 137 号）
　廃棄物の排出抑制と処理の適正化により、生活環境の保全と公衆衛生の向上を図ることを目的とした法律のこと。戦後日本の高度経済成長に伴い、大量消費、大量廃棄が繰り返され、ゴミが深刻な社会問題となり、それを改善する目的で、1970 年に成立した。法律の内容としては、廃棄物の排出の抑制と廃棄物の適正な分別・保管・収集・運搬・再生・処分等に関する規定が設けられている。なお、廃棄物については、産業廃棄物とそれ以外のものに当たる一般廃棄物に大別されている。

藤間　主任

知って得するコラム　その２

狭隘道路（２項道路）の拡幅整備について

　ある自治体では、建築基準法第４２条第２項道路として指定を受けた幅員４メートル未満の道路（２項道路）を拡幅整備する事業を行っています。当初は、上限を定めて拡幅工事に補助金を交付する制度を行っていましたが、地権者の土地に対する権利意識が高く、思うように拡幅が進まなかったため、拡幅整備に関する条例を定めて全額公費負担で自治体が主体的に道路の拡幅工事を行うところもあります。この場合、予め拡幅整備に関する協議書を取り交わさないと建築確認申請ができない縛りを設けています。そして拡幅した部分の敷地の取り扱いについては各自治体によって異なりますが、公道の場合は、①寄付、②無償使用承諾、③整備承諾の３つのパターンから選択ができますが、私道の場合は、③整備承諾となります。

　①寄付は、建物を建てる敷地のうち、道路として整備される部分における金融機関等の抵当権を外して分筆し、自治体に所有権移転するもの。②無償使用承諾は、金融機関等の抵当権を外せない場合や隣地との境界確認が得られない等の事情で分筆ができない場合に、所有権移転はしないが、自治体に拡幅整備される敷地を無償で提供し、道路法の管理区域内に編入した上で以後の維持管理を行政に依頼するものです。③整備承諾は、道路として拡幅整備することに承諾するという意味で、整備された敷地はあくまでも自己所有の敷地として以後の管理も私道として自身で行うというものです。そのため拡幅整備された敷地の管理は自治体としては関与できません。したがって、この場合の自治体の道路管理は拡幅する前の幅員部分だけとなります。

≪道路の断面図で見た場合≫

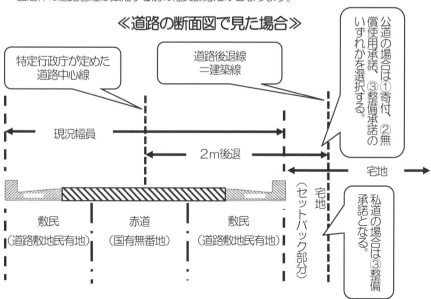

事例概要

事例NO.	03
カテゴリー	相続人不存在となった放置空き家
事案時期	平成23年8月〜平成25年5月 （空家法がない時代）
相談内容	①無接道敷地 ②長年放置された空き家 ③東日本大震災で壁面に大きな穴が空く ④空き家の相続人が不存在

登記情報	土　地	地　積	78.22 ㎡
		地　目	宅地
	家　屋	種　類	居宅
		構　造	木造瓦葺平屋建
		床面積	30.72 ㎡

事例概要	
	相談者は、隣接居住者である。長年放置された当該空き家が東日本大震災の揺れで家屋の一部が倒壊し、相談者宅の敷地内へ屋根や壁面等の建築資材が剥離落下し、被害が生じたので、区議会議員に相談され、区が調査に乗り出した。 　しかし、登記簿や戸籍・住民票の調査を通じて所有者が判明したが、既に死亡していた。また、相続人を探し出すこともできたが、判明した前年にこちらも病死されていたので相続人不存在の状態となっていた。 　そのため、区はこれ以上の調査が不能となってしまった。ところが、2年後に相談者以外の隣接住民が当該家屋を購入したことが判明したため、放置空き家の維持管理等について問い合わせる文書を発送した。 　文書を受け取った新たな所有者（相談者以外の隣接住民）は、すぐに当該空き家を除却したので事案は終了となった。

現場の位置図

この空き家は
無接道敷地にあり
また相続人が不存在
という極めて解決が
難しい事例でした

藤間 主任

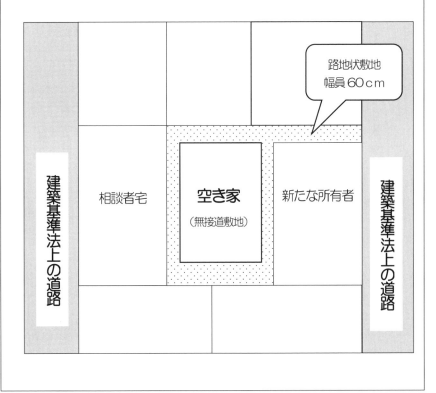

路地状敷地
幅員60cm

建築基準法上の道路

相談者宅

空き家
（無接道敷地）

新たな所有者

建築基準法上の道路

【担当者による解説】

藤間　主任

藤間：　本件の事例には、いくつも問題点がありました。

井上：　まず、建物自体が登記情報と異なるものでした。登記では木造瓦葺平屋建となっていますが、実際は木造２階建の戸建て住宅でした。つまり、現存の建物は、いつの間にか増築された違反建築物ということになります。

藤間：　また建築基準法からみると、路地状敷地の幅員が６０センチ程度しかなく、いわゆる建築基準法第４３条の接道要件を満たさない無接道敷地にある空き家でした。

井上：　そうなると再建築や増築・改築等の工事ができないことになります。

藤間：　そのため、新しく家を当該敷地に建て直して利用するといった土地の有効利用ができなくなるため、俗にいう「死に地」にある空き家となります。

井上：　接道要件は原則、路地状敷地の幅員が２メートル以上あることが求められていますが、その要件を満たさない場合は、例外措置として、法第４３条にある但し書きの措置として、建築審査会で同意を得て特定行政庁から許可を貰って再建築等の工事を行うという方法があります。

藤間：　しかし、建築審査会で同意を得る場合は、基本的には空き家のある敷地が、建築基準法上の道路に１.８メートル以上接していることが望ましいとされていますので、この点、当該敷地の路地状部分の幅員が６０センチ程しかなく、例外措置による再建築についても不可となります。

井上：　次に問題となるのは、当該空き家の敷地及び家屋の所有者が相続人不存在となってしまったことです。

藤間：　戸籍・住民票で調べたところ、登記簿に記載された所有者は既に亡くなっていました。

井上　主事

井上： そこでさらに戸籍をたどって相続人を調査したのですが、こちらも病気で亡くなっていたことが判明しました。

藤間： これにより、相続人は不存在となり、区が空き家について指導する相手方がいなくなってしまいました。

井上： こうした場合、相続云々の事項については、民事上の問題となるため、新たに空き家の所有者が現れるまで、行政としては是正に関する行動がとれなくなります。

藤間： 民事上の動きとしては、相続人が不存在となった場合は、民法952条の規定により、生前の所有者等と関係のあった**利害関係人**（債権者や特別縁故者等）や検察官の申し出により、家庭裁判所で**相続財産管理人**（弁護士や司法書士等）が選任されます。

井上： そして、当該空き家は法人化されて**相続財産法人**となり、家庭裁判所から選任された相続財産管理人によって管理され、公告を出して他に本当に相続人等がいないかどうかを確認します。

藤間： その後、売却等の処分によって相続財産を換価（お金に換える）して利害関係者に対して清算が行われます。残余があれば、**特別縁故者**に分配されますが、それでもなお残った財産があれば、財務省に**国庫帰属**という形で納められます。

井上： その際、相続財産管理人も換価された金銭のなかから報酬分が渡されます。

藤間： しかし、当該敷地は「死に地」であるため、売却等による処分が難しい状態にありました。

井上： つまり、有効活用が見込まれない土地を誰も買う人がいないからです。

藤間： ところが、本件では、当該空き家に隣接する住人の方が購入されましたので、一気に解決へと向かいました。

井上： おそらく、空き家を除却してその部分の敷地を自宅の敷地に合筆等で編入して、新しく家を建て直すなどの計画があったのかも知れません。

藤間： おかげで、直ちに除却処分をして頂くこととなりました。新たな所有者となられた隣接住人の方には感謝の言葉しかありません。

関係法令の説明

関係法令	条文規定
民　法 第952条	（相続財産の管理人の選任） 1．前項の場合は、家庭裁判所は、利害関係人又は検察官の請求によって、相続財産の管理人を選任しなければならない。 2．前項の規定により相続財産の管理人を選任したときは、家庭裁判所は、遅滞なくこれを公告しなければならない。
説　明　図	・利害関係人（債権者や特別縁故者等） ・検察官 相続財産管理人の選任の申立て 家庭裁判所 相続財産管理人 ①他に相続関係人等がいないか公告して確認 ②相続財産の処分（換価） ③債権者や特別縁故者への清算 ④残余の財産の国庫帰属

関係法令の説明	
関係法令	条文規定
民　　法	（不在者の財産の管理） 第25条　従来の住所又は居所を去った者（以下「不在者」という。）がその財産の管理人（以下この節において単に「管理人」という。）を置かなかったときは、家庭裁判所は、利害関係人又は検察官の請求により、その財産の管理について必要な処分を命ずることができる。本人の不在中に管理人の権限が消滅したときも、同様とする。
説　　明	空き家の所有者が行方知れずとなった場合は、民法25条の規定により、不在者財産管理人を設けて、残された空き家等の財産の処分を行うことになる。 一方、空き家の所有者が死亡して、その相続する者がいなくなった場合は、民法952条の規定により、相続財産管理人を設けて、残された相続財産の処分を行うことになる。 不在者財産管理人と相続財産管理人の選任の申立ては、主に金銭貸借関係にあった利害関係人が行う場合が多いが、財産の管理と財産管理人となる弁護士や司法書士等の報酬に充てるため、数十万円から100万円程の「予納金」を裁判所に納める必要がある。ただし、管理費用に充当された予納金は返却されない。そのため、無接道敷地（死に地）等での財産の処分（売却等による換価）がうまくいかないと、管理費や活動費が枯渇してしまい、その場合は、裁判所は利害関係人に対して予納金の追納を命じることがある。この予納金は法定制度ではないが、一般的に求められてることなので、利害関係人が予納金を賄えない場合は、申立てそのものがなされない可能性もある。しかし、なかには相続財産が処分され換価されたときに管理費と相続財産管理人への報酬が清算されたケースもあるようだ。

≪用語説明≫

利害関係人

被相続人（空き家所有者）の債権者、特定遺贈を受けた者、特別縁故者等のこと。空き家所有者が亡くなる前にお金を貸していた債権者は、空き家等の財産を処分してお金に換えて借金の返済を求めることになる。特定遺贈者は、空き家所有者から、遺言によって、相続財産のうち、ある特定の財産だけについて指定を受けて、相続を受ける予定のある人。特別縁故者は下記の用語説明のとおり。

相続財産管理人

相続関係人の全員が相続放棄をして、誰も相続する人がいなくなってしまった場合のように、相続人が不存在となったとき、亡くなった空き家所有者の債権者への清算や特別縁故者への財産分与を行い、清算後に残った財産を国庫に帰属させる役割を持った者。家庭裁判所からは、利害関係人等に対して公平性を期すため、弁護士や司法書士等が選任されるケースが多い。

相続財産法人

遺産を相続する人が誰もいない場合に相続財産が法人化すること。もともと天涯孤独の身の人で相続人がいない場合や、相続人がいたけれども全員が相続放棄をした場合、そのままの状態で遺産を放置しておくことはできないため、相続財産をまとめて法人化して管理することとなる。法人化された相続財産は、利害関係人や検察官の申出により、家庭裁判所で相続財産管理人が選任され、国庫帰属などで最終的には処分されることとなるが、管理人が選任されるまでの間は、相続放棄をした相続人は民法940条の規定により管理する義務を負う。

特別縁故者

亡くなった空き家所有者の介護等をして、所有者から生前、「自分には財産を相続させる人がいないし、あなたには随分と面倒になったから、感謝の気持ちとして私の財産を受け取ってくれ」と言われた人等。裁判所に申立てを行えば、所有者本人の意向に沿って財産を分けて貰うことができる。

国庫帰属

家庭裁判所への相続財産管理人の選任の申立てによって、利害関係人や特別縁故者に対して清算等が行われても処分されず残ってしまった相続財産が民法959条の規定により、国庫に帰属する（国の財産となる）こと。国庫帰属に関する手続は、財務省の「物納等不動産に関する事務取扱要領」（平成18年6月29日財理第2640号、令和元年9月20日財理第3210号改正）に記載されており、「当該財産が所在する区域を管轄する家庭裁判所等と協議の上、当該財産を財産管理人から引き継ぐものとする。」とされている。この点、著者が平成28年に電話で東京家庭裁判所（家事訴訟事件係）に直接問い合わせたところ、不動産については相続財産管理人に対し換価して欲しいと促しているため、相続財産管理人は土地・建物の売却をして換金作業を行い、現金にて財務省に納金し、国庫帰属を終了させるパターンが一般的なようだ。そのため、換価処分が困難である場合は、相続財産管理人の選任そのものの決定を取消して、国庫帰属に向けた活動を終了するケースもあるようだ。ところが、平成29年6月27日付で全国の家庭裁判所に送付された「国庫帰属不動産に関する事務取扱について」（財務省理財局国有財産業務課長事務連絡）によると、これまで行われてきた不動産を換価してから現金で国庫帰属するという方針が変更されている。具体例としては、①財務局等は、相続財産管理人に対して、利害関係人等への清算に必要な弁済額以上の不動産の換価はする必要はないと説明することとし、②相続財産管理人が管理する相続人不存在の不動産が、境界確定がなされていない場合のような管理や処分について問題があったとしても、法律で国庫帰属としての制度がある限り、国はそれを拒めないとしている。この不動産の国庫帰属を認める動きは、所有者不明土地の増大に鑑みたものなのかも知れない。

　現在は少子・高齢化が進み日本人口が急速に減少しています。そのため、相続人のいない方の財産は、戸籍を辿って、現存する遠縁の親戚に相続されることになります。行政による空家法に基づく調査も、所有者不明土地法等の法律に基づく登記官による調査も、所有者等探索委員による調査も、実は所有者が不明な放置された財産の相続人を探しているのです。その結果、例えば104頁の事例01のように「あなたには、こういう空き家の相続財産があるので、適正な維持管理をお願いします。」と行政から手紙が届くことになります。事実、私もそういう手紙を発送していました。自分の親が残した財産ならまだしも、今まで交流もしたことも、存在すら知らなかった遠縁の財産についてです。この予想外の展開に慌てて、相続人は自分に相続があると知った時から3ヶ月以内に相続するか、放棄するかの選択をしなければなりません。そして放棄の場合は家庭裁判所でその手続をします。しかし、裁判所によって相続財産管理人が選任されて相続財産法人となった空き家がその管理人に引き継がれるまで、民法940条の規定に従い、その空き家の維持管理をしなくてはならないという責任が生じます。この点、相続財産管理人の選任の申立ては、生前の空き家所有者にお金を貸していた場合等の債権者が利害関係人となって申立てることになっているので、利害関係人が現れなければ、ずっと相続放棄をしたにもかかわらず、相続放棄者が維持管理をしなければなりません。そこで、その責任を回避すべく相続放棄者が自ら申立てを行って、裁判所に相続財産管理人を選任してもらうことにしたとします。これが75頁の点線の下向きの矢印部分です。ところが、今度はその管理人の活動費や空き家の管理費として、裁判所に「予納金」を収めなくてはなりません。予納金の金額は、国交省の資料では、50万円から100万円です。この点、不在者財産管理人の場合は、30万円から50万円だそうです。空き家やその敷地がすぐに売れる物件であれば、換価されて、支出した予納金や管理人への報酬も清算されます。そして残余財産があれば、現金で国庫に帰属されます。しかし、社会で問題となっている空き家の多くは、再建築ができない無接道敷地（死に地）等の不適格財産ばかりで、73頁で書いたように国庫帰属だとしても財務省による引き取りは難しいものになります。その上、管理人が換価作業に時間がかかれば、当然、先に用意した予納金が枯渇してしまいます。そうした場合は、裁判所は利害関係人に追納を命じることになります。そうなると、利害関係人がこれ以上、予納金を都合できなければ、管理人の活動に支障がでることになります。結果、最後に残された道は、①非常に安い値段で、接道要件を満たす隣地所有者や地上げ屋さんに買い取ってもらうか、②50頁の事例04のように建築確認申請が要らない大規模の改修や模様替によって建物を整備して適正管理に努めるか、③一歩進んで、特殊建築物へ用途変更を行い、利活用するかになります。このとき、②と③の場合は、相続放棄ではなく、相続をする必要があります。つまり、売れない敷地にある空き家の場合は、相続するか放棄するかの3ヶ月間の猶予期間内に、予納金を払い続けるリスクとリフォーム等の工事代金とを天秤にかける必要があるのです。ここで気を付けたいのは、相続財産が空き家だけでなく、他にも多額の負債がある場合は、当然、相続放棄をした方がいいに決まっています。因みにですが、裁判所から聞いた話では、東京23区内においては、これまで、売却できずに困ったケースはないそうです。ということは、①の形で売却したことになります。これは42頁の事例03のパターンになるかと思います。しかし、今般の経済事情で、隣地所有者もお金がないので、買い取ってくれるかは大いに疑問です。いずれにせよ、遠縁の相続財産が、ある日突然来たときは、弁護士・司法書士・行政書士等の法律の専門家とすぐに相談した方が良いですね。

空き家対策事例集

事例NO.	04
カテゴリー	無接道敷地で大規模の修繕等を行った空き家
事案時期	平成23年3月〜平成27年9月 （空家法がない時代から始まった事例）
課題事項	①無接道敷地 ②敷地内の雑草繁茂 ③建物の一部損壊による隣家への被害

登記情報	土　地	地　積	72.43㎡
		地　目	宅地
	家　屋	種　類	居宅
		構　造	木造瓦葺2階建
		床面積	1階　27.24㎡、　2階　25.34㎡

事例概要	相談者は、隣接居住者である。長年放置された当該空き家が朽ち果て、2階部分の壁面や1階部分の庇、雨樋等が破損して落下した。雨樋等は隣地境界のブロック塀を跨ぎ、斜めに倒れかかっている。そのため、雨天時には隣家の1階の窓ガラスへ滝のように多量の雨水が激しく注ぐ形となり、ダメージを受け続ける状況となった。堪りかねた隣家住人が区議会議員と相談し、区へ是正を要求された。空き家所有者と被害を受けている隣家住人とは所有者がその家屋に居住していた頃からの知り合いであって、所有者の移転先も存知の仲であった。そのため、この頃は空家法がない時代であったことから、基本的には民事上の近隣トラブルという位置付けで、当事者同士で解決を図ることが先であると説明するとともに、行政としては、建築基準法でも所有者に対して建物の適正な維持管理を促す文書を送付するくらいしか手がないと話したが理解は得られなかった。

現場の位置図

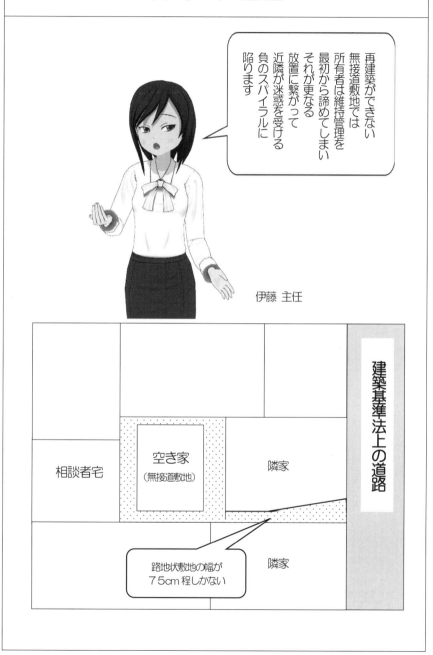

再建築ができない
無接道敷地では
所有者は維持管理を
最初から諦めてしまい
それが更なる
放置に繋がって
近隣が迷惑を受ける
負のスパイラルに
陥ります

伊藤 主任

建築基準法上の道路

相談者宅

空き家
（無接道敷地）

隣家

隣家

路地状敷地の幅が
７５cm 程しかない

【担当者による解説】

伊藤： 本件は、空き家が周りの住宅に囲まれたいわゆる**囲繞地**の袋地にあって無接道敷地にあるため、所有者が当初から再建築や修繕等を諦めてしまい、放置し続けた事例でした。

宮城： そうでしたね。相談が入ったのは平成23年3月で、解決したのは、4年後の27年9月でした。

伊藤： 相談者は空き家の隣家の住人の方で、もともとは空き家の所有者とご近所付き合いをされていた方でしたね。

伊藤 主任

宮城： ところが他区へ移転してからは、お付き合いがなくなったそうですが、移転先やその方の暮らしぶりはご存知でした。だから連絡はしようとすればできた関係です。

伊藤： しかし、長い年月が過ぎ、空き家所有者も高齢となり、残された空き家の管理ができなくなって、放置されるようになったそうです。

宮城： 最初の相談は、敷地内の雑草が繁茂して、建物を覆い尽くす感じで環境が悪化したので、何とかできないものかという内容でしたね。住宅に囲まれた場所に大きな緑の塊がドーンと立っているような感じで正直ビックリしました。

伊藤： だから、どこが玄関で、どこが窓なのか、全く見当がつかない程、建物全体が雑草に覆われていましたね。

宮城： 道路から建物へは、門を開いて路地状敷地を通っていく感じですが、その路地状敷地の幅が狭くて、一番狭いところで75cmくらいしかなかったですね。

伊藤： 幅の狭い路地状敷地には、雑草が腰の辺りの高さまで繁茂して、歩いて建物の玄関まで辿り着くのが大変でした。

宮城： しかし、当時では、空き家対策という概念がまだない頃でしたので、基本的には民事上の近隣トラブルという位置付けで行政は考えていました。

宮城 主任

伊藤： 問題が敷地内の雑草の繁茂ということでしたし、その頃はまだ建物は損壊していませんでしたから。

宮城： 相談者が空き家所有者の連絡先をご存知でしたので、直接、所有者に苦情を言ってもらえば済む話ではないかというくらいの認識でした。

伊藤： 区は、当事者同士の話し合いがつかず解決できない場合は、民事上の解決策として「**物権的妨害排除請求権**」があるので、雑草の繁茂で迷惑を被っている近隣の方々と連名で弁護士さんにお願いして、所有者にその権利を発動してはどうかと説明しました。

宮城： しかし、弁護士にお願いするとお金がかかることになるので、受け入れて頂けませんでした。

伊藤： 相談者から依頼を受けた地域の区議会議員の方からも課長に強い解決に向けての要請が入ることになりました。

宮城： 区議からは雑草繁茂に関する対策条例の資料を求められましたが、その条例の所管は、建築基準法の部署ではなく、保健所や環境衛生の部署になるとお伝えしました。

伊藤： バーチャル区役所では、私たちのように空き家対策を専門に扱う部署として設定されてお話をしていますが、本来の行政では、建築課や危機管理課、住宅課、環境課、保健所等の部署がそれぞれの通常業務の他に空き家についての相談が入れば、その問題の内容に応じて対処していく形をとっています。

宮城： 区議からの要請で、所有者宛に行政からも近隣住民からの苦情の声が届いているので、敷地内の雑草繁茂について除草等を行って頂くようお願いする文書を発送することになりました。その際に課長が直接所有者からの相談に応じるとの内容を盛り込みました。

伊藤： 相手方に郵便が届いたかどうかを確認するために、配達証明で送り届けましたが、その後、所有者からは何ら返事がありませんでした。

宮城： その後、大雨が降ったとき、どうも空き家が部分的に破損したらしく、一階部分の庇や雨樋が崩れ落ち、雨樋が相談者宅との土地境界線に立っているブロック塀を越えて斜めになって倒れ掛かって、雨水がその雨樋を伝ってダイレクトに相談者宅の1階

の窓ガラスに激しくあたるようになりました。

伊藤：　相談者はこのままでは、空き家が倒壊して自分の家も壊されてしまうとの恐怖を感じて、区に対して是正措置を講じるようにと区議に要望しました。

宮城：　空き家が部分的ではあるが庇や雨樋、壁面等が破損して、そのまま放置した場合には、建物全体が倒壊してしまう危険が高まったという段階に入ったので、建築基準法第10条の規定に基づく是正指導を発動する必要が出てきました。

伊藤：　その前段階として、建物の状況を正しく把握するために、建物全体を覆い尽くしている雑草の除去をするように指導書を発送しました。

宮城：　所有者から課長宛に電話が入り、近隣住民に配慮して可能な範囲で対応するとの話がありました。

伊藤：　ところが、除草についてどこに頼めばいいか、適正な価格はどのくらいになるか迷っているとのことでしたので、区がシルバー人材センターに事情をお話してどのくらいの予算でどの程度の作業をしてもらえるか確認してみることになりました。

宮城：　シルバー人材センターの担当者からは、①雑草取りの業務は可能、②つた取りに関しては、手が届く範囲内で対応する、③2階以上の背丈が高い樹木の剪定などは不可、④ゴミ回収後の処分は所有者本人が行うこと、⑥空き家所有者と直接交渉後、現地の下見をして見積を出す手順となると、説明を受けました。

伊藤：　早速、所有者にこの話を伝えて、除草作業が開始されました。

宮城：　現地へ確認にいったところ、①敷地内における雑草の除去が綺麗に行われている、②つた類はまだ建物を覆っているが、現存の建物の倒壊を防ぐ役割も担っており、所有権境の範囲内に留まっていることから、前段階における是正は完了したものとみなしました。

伊藤：　しかし、問題はここからでした。つた類に覆われた建物はどうすればいいのかです。このままの状態で放置したら、いずれかは近い将来、建物全体が倒壊してしまい、近隣の住居に甚大な被害を与えてしまうことは明白でした。

宮城：　当該地は無接道敷地ですので、新たに建物を建て直すことはできません。建築審査

会に諮って同意を得て、特定行政庁から再建築の許可を貰う場合には、路地状敷地の幅が最低でも1.8m以上あることが必要となっていますから。

伊藤：　そこで考えたことは、無接道敷地でもできる工事ですね。

宮城：　建築基準法第6条規定を見ると、当該空き家の法律上の位置付けが分ります。

伊藤：　木造2階建ての戸建住宅で、1階が27.24 ㎡で2階が25.34 ㎡の全体でも52.58㎡しかない規模です。

宮城：　この規模に相当する建築物は、第6条第1項第4号で規定される木造**4号建築物**に該当します。

伊藤：　同条規定の1号から3号までに規定される建築物は、建築行為（新築、増築、改築、移転）や大規模の修繕と大規模の模様替の他100 ㎡を超える特殊建築物の用途変更（平成30年の建築基準法の改正前の話です）の場合には、建築確認申請をする必要があります。

宮城：　しかし、この木造4号建築物の場合は、法律で大規模の修繕や大規模の模様替の建築確認申請は不要とされています。

伊藤：　大規模の修繕と大規模の模様替は、建築基準法第2条第14項と第15項に規定された工事です。

宮城：　第14項の大規模の修繕とは、「建築物の主要構造部の一種以上について行う過半の修繕」であり、15項の大規模の模様替とは、「建築物の主要構造部の一種以上について行う過半の模様替」のことをいいます。

伊藤：　修繕は、経年劣化した建物の部分を概ね同じ材料を用いて、原状回復させるものです。それに対して、模様替は、建物の構造や規模・機能等の同一性を保ちつつ、材料や仕様を替えて性能の向上を図るというものです。

宮城：　簡単な例をあげると、和式トイレを洋式トイレにして、畳の和室をフローリングの洋間にして、段差解消のためにお風呂とかをバリアフリーにするみたいなのを模様替の工事となります。

伊藤： そして、大規模の意味については、「建築物の主要構造部の一種以上について行う過半の」という表現で規定されています。ここで、主要構造部とは、「壁、柱、床、はり、屋根又は階段」をいいます。

宮城： 分りやすく言うと、例えば、①柱が腐って危ないとなれば新しく取り替える柱の数が家全体の柱の過半になっているか、また、②壁にひびが入っているから直すとした場合は家全体の壁の面積の過半になっているかで、「大規模の修繕」になるかどうかが決まるわけです。

伊藤： ここで、気を付けることがあります。「大規模の修繕」や「大規模の模様替」の工事を「これじゃ、まるで新築や改築工事と一緒じゃないか。」とか思われてしまうような感じで限度を超えた工事をやってしまうと、違反建築の工事と指摘を受けて、最悪の場合は、建物そのものの除却命令が発動されてしまうので注意が必要です。

宮城： 本事例の建物の場合は、覆い尽していた雑草を完全に取り除き、痛んだ箇所を修繕し、将来の使い勝手を考慮に入れた模様替をするという大規模の改修工事が行われました。

伊藤： 最初の相談を受けてから工事が始まって本事案を終了するまで、まるまる４年の歳月がかかってしまいましたが、無事に建物が綺麗に整備されるようになりました。

宮城： 空き家の是正には、所有者の経済的な事情も関係してきますから、空家法がない時代から始まったことを考慮に入れても、区としては最善の結果を出せたのではないかなと思います。

覚えておきたい知識のミニテスト03

問題01　下記の（　　　）に適語を入れよ。
　空き家等の所有者の相続関係人が不存在となった場合は、民法952条の規定に基づき、裁判所から選任された（　①　）管理人が売却等の処分により財産を（　②　）して利害関係人に清算する。また、（　③　）に財産分与された後に残余財産があれば、財務省に（　④　）される。

問題02　下記の（　　　）に適語を入れよ。
　空き家等の所有者が行方不明となった場合は、民法25条の規定に基づき、裁判所から選任された（　①　）管理人が財産の管理を行うが、その際、（　①　）管理人の選任の申立てを行った（　②　）は、財産の管理等に必要な経費として（　③　）を裁判所に納めなければならない。また、その額は失踪宣告までの期間分を用意する場合もある。

ミニテストの解答は、34頁にあります。

関係法令の説明

関係法令	条文規定
民法	（竹木の枝の切除及び根の切取り） 第233条　隣地の竹木の枝が境界線を越えるときは、その竹木の所有者に、その枝を切除させることができる。 2　隣地の竹木の根が境界線を越えるときは、その根を切り取ることができる。
説　明	この規定では、竹木の所有者に枝葉の切除をさせることになっている。しかし、放置された空き家の敷地で繁茂した草や木の枝葉等によって、隣接する家屋の屋根や壁・窓ガラスなどに被害が出た場合はどうだろうか。空き家所有者に注意を促したくてもその所在地が不明なばかりか、所有者や相続人等がそもそも存在しているかもわからない状態では損害を受け続けるばかりである。そこで、自己防衛として、民法720条の「正当防衛及び緊急避難」の措置として、被害を及ぼす元凶の枝葉を切除してもかまわないと解せられる。なぜなら、空家法の成立により、空き家所有者等には空き家を適正に管理する義務が課せられることになったためだ。近隣家屋に被害をもたらす場合は、空き家所有者側が不法行為をしていることになり、それへの対抗措置として発動した720条に基づく行為は、この規定の趣旨に勝ると考えられる。

関係法令の説明

関係法令	条文規定
民法	（正当防衛及び緊急避難） 第720条　他人の不法行為に対し、自己又は第三者の権利又は法律上保護される利益を防衛するため、やむを得ず加害行為をした者は、損害賠償の責任を負わない。ただし、被害者から不法行為をした者に対する損害賠償の請求を妨げない。 2　前項の規定は、他人の物から生じた急迫の危難を避けるためその物を損傷した場合について準用する。
説　明	民法233条の場合だけでなく、放置された空き家の破損や倒壊等を起因とする被害から自宅を守るためには、この規定に基づくあらゆる対抗手段を講じる必要がある。そして、被害を受けた場合の損害とその被害を防ぐためにかかった費用は、空き家所有者等が判明した場合にしっかりと請求した方がいい。そのためには、被害状況を写真やビデオ等で、日時や被害箇所を示しながら正しく記録することが重要である。残念ながら、空家法が成立しても行政は個人の財産を守る術がない。

関係法令の説明

関係法令	条文規定
建築基準法	（建築物の建築等に関する申請及び確認） 第6条　建築主は、<u>第一号から第三号までに掲げる建築物を建築しようとする場合</u>≪中略≫、<u>これらの建築物の大規模の修繕若しくは大規模の模様替をしようとする場合</u>又は<u>第四号に掲げる建築物を建築しようとする場合</u>においては、当該工事に着手する前に、≪中略≫確認の申請書を提出して建築主事の確認を受け、確認済証の交付を受けなければならない。
説　明	（下記の説明文と表参照）

説明欄の表：

	用語・構造	規模	条文
1号	特殊建築物	その用途の床面積>200㎡ ※平成30年の法改正前は、100㎡を越える場合だった	法6条1項1号
2号	木造	階数≧3、 延べ面積>500㎡、 高さ>13m、 又は 軒高>9m	法6条1項2号
3号	木造以外	階数≧2 又は 延べ面積>200㎡	法6条1項3号
4号	（1）～（3）以外のすべての建築物	「4号建築物」と呼ばれる	法6条1項4号

建築確認が必要とされる建物の分類は上記の表のとおりです。1号から3号までの建築物が、建築（新築・増築・改築・移転）や大規模な修繕若しくは大規模の模様替の工事を行う場合は、事前に建築確認の申請書を提出して、建築主事の確認を受け、確認済証の交付を受けなければなりません。これは、条文の下線＿＿＿＿部分です。これに対して空き家が4号建築物である場合には、建築確認が必要なのは建築（新築・増築・改築・移転）の場合のみで、大規模の修繕や大規模の模様替の工事には確認申請は不要となります。これは、条文の波線＿＿＿＿部分です。

関係法令の説明

関係法令	条文規定
建築基準法	（用語の定義） 第2条　この法律において次の各号に掲げる用語の意義は、それぞれ当該各号に定めるところによる。 十四　大規模の修繕　建築物の主要構造部の一種以上について行う過半の修繕をいう。 十五　大規模の模様替　建築物の主要構造部の一種以上について行う過半の模様替をいう。
説　明	空き家が4号建築物に相当する場合は、上記の工事では、建築確認申請は不要となります。しかし、法律上の安全基準は満たす必要はあります。修繕は、経年劣化した建物の部分を概ね同じ材料を用いて、原状回復させるものです。それに対して、模様替は、建物の構造や規模・機能等の同一性を保ちつつ、材料や仕様を替えて性能の向上を図るというものです。ここで、主要構造部とは、「壁、柱、床、はり、屋根又は階段」をいいます。 つまり、例えば、修繕で考えると、柱が老朽等の原因で修理が必要となった場合は、新しく取り替える柱の数が家全体の柱の過半になっているか、また壁にひびが入っているから直すとした場合は家全体の壁の面積の過半になっているかで、「大規模の修繕」になるかどうかが決まります。 ただし、柱3本残してとか、基礎だけ残して、あとは新しく造るみたいな工事は、本来、建築確認申請が必要な「新築」若しくは「改築（主に建物の全部または一部を取り壊した後に、引き続き、これと位置・用途・構造・階数・規模が著しく異ならない建物を建てること）」に相当しますので、明らかに違反工事となります。行政の対応としては、過半を超える工事があれば、大規模な修繕や模様替であっても、建築確認申請が必要な新築や改築に当たるかどうかの現場チェック（建築監察）を行いますので、注意が必要です。

≪用語説明≫

囲繞地（いにょうち）

　袋地（ふくろち）の周囲を囲っている土地のこと。袋地は公道に出るまで囲繞地を通らなければ、その土地を利用することができないため、民法第210条で、「他の土地に囲まれて公道に通じない土地の所有者は、公道に至るため、その土地を囲んでいる他の土地を通行することができる。」と規定され、囲繞地を通行する権利が保障されている。しかし、その通行に関しては、一般に有償とされている。この囲繞地における通行権や再建築に関する詳細は、姉妹本の170頁以降を参照のこと。

物権的妨害排除請求権

　他人により物権（物を直接的に支配する権利）が不正に侵害された場合、その侵害の排除を物権に基づいて相手方に請求する権利のこと。物権が侵害されている状態は、不法行為（民法第709条）となることから、発生した不法行為の債権の行為として、侵害行為の排除請求や予防請求が可能であり、物権の侵害のほか、人格権の侵害についても行使される事例が多いとされている。これに関する判例としては、昭和12年11月19日の大審院判決で、「隣地の石垣が崩壊の危険がある場合等に、これを予防するために認められる」とするものがある。

債権

　ある者（債権者）が特定の相手方（債務者）に対して一定の行為（給付）をするよう要求できる権利のこと。この意味では、「人に対する権利」ということができる。実生活の場面では、お金を貸した人（債権者）が、借りた人（債務者）に期日までにお金の返済を要求する（債権）例が分かり易い。今回の空き家問題では、相手方（空き家所有者等：債務者）に物権上の侵害行為（繁茂した枝葉による迷惑や破損した建物による被害）の排除を要求（債権）することになる。

4号建築物

　建築基準法第6条第1項第4号に規定される建築物のこと。同項の第1号から第3号までに規定された建築物以外のすべての建築物とされる。国交省の資料によると、戸建住宅や事務所等として使用される一般建築物の場合は、木造は①2階建て以下、かつ、②延面積が500㎡以下、かつ、③高さ13m・軒高9m以下とされ、鉄骨等の非木造の場合は、平家、かつ、延面積が200㎡以下のときが、4号建築物として扱われる。空き家問題でしばしば議論される建築物は、この4号建築物の範疇に属する木造2階建て以下の戸建住宅である。

覚えておきたい知識のミニテスト04

問題01　下記の（　　　）に適語を入れよ。
　国交省の資料では、不在者財産管理人の選任に申立てに必要な（　①　）は、約（　②　）万円から50万円、相続財産管理人の場合は、50万円から（　③　）万円がかかるとされている。

問題02　下記の（　　　）に適語を入れよ。
　所有者が不明な土地について、利害関係人が裁判所に特定不能土地等管理者の選任の申立てを行う場合は、その財産は管理人によって売却等の処分がなされることがある。また、その売却された場合の代金は所有者が現れた場合に備えて（　①　）されるが、（　②　）した後は、（　③　）に帰属される。

　ミニテストの解答は、34頁にあります。

空き家対策事例集

事例NO.	05		
カテゴリー	火事で焼け残り、ゴミの不法投棄場となった空き家		
事案時期	平成23年3月〜平成27年9月 （空家法がない時代から始まった事例）		
課題事項	①火事現場 ②ゴミの不法投棄場 ③異臭が漂い近隣住民が病		
登記情報	土　地	地　積	94.44㎡
		地　目	宅地
	家　屋	種　類	店舗・共同住宅
		構　造	木造亜鉛鋼板葺き瓦葺2階建
		床面積	1階　52.28㎡、　2階　50.28㎡
事例概要	本件は、地域の要望を受けた区議会議員からの相談である。昔は飲食店の店舗兼住宅であったが、火災現場となって以来、焼け残った家屋が除却されずに長い間放置されることになった。そのうち、何者かによって、ゴミが当地に次々と不法に投棄されるようになり、環境が急速に悪化していった。ゴミから発する異臭等が原因で、近隣住民の健康被害が出るようになった。所有者を探し出し、除却の依頼を行うとともに、当該地が駅近で接道要件を満たしている場所なので、再建築などの利活用についてもNPO法人と相談できるように区で取り計らった。NPO法人からは一級建築士などの専門家が対応をして頂くことができ、再建築などの資金が調達できるまで当分の間を駐車場として整備することで事案解決のシナリオに同意を得られた。民間活力としてNPO法人にも空き家の利活用について参画をお願いして、所有者にその計画を納得して頂いた上で放置空き家の除却ができた事例となった。		

現場の位置図

駅の近くで
再建築が可能な
良好な場所でしたが、
具体的な
除却費用を工面できず
再建築後のプランを
描くことができず
放置されて
しまった事例です

大和田　主事

建築基準法上の道路

空き家

建築基準法上の道路

【担当者による解説】

井上　課長

井上：　本件は、駅近で建築基準法上の道路に接道している好条件の場所にあった店舗兼共同住宅（小さなアパート）が火事になったところですね。

大和田：　その後、除却などの処分がされないまま長期間にわたって放置されて、ついには何者かによってゴミが次々と不法投棄されて環境が急速に悪化してしまいました。

井上：　投棄されたゴミからは異臭が漂うようになって、近隣住民の健康に被害がでるようになり、区議会議員から、空き家の是正について要望が入るようになってしまいました。

大和田：　現場調査をしたとき、当該敷地の立地条件の良さにビックリしました。どうしてこんなにいい場所で火事現場の焼け残った家が放置され続けているんだろうと。

井上：　1階部分は飲食店等の店舗だったようで、まだ当時の店のままの雰囲気が残っています。レジカウンターや、客席テーブル、テレビが置いてあった台等がそのままの形で残っていました。

大和田：　2階部分は共同住宅だったらしく火事で焼け焦げていました。2階の窓の庇が火事の熱のためか波打つように変形し、窓ガラスが割れていて、道路から建物を見上げると部屋の中が伺い知ることができました。火から免れた額縁に入った人物写真等が壁にかかったままでした。まるでさっきまで人が住んでいたような雰囲気で、当時の家財道具がそのまま残されていました。

井上：　ただ、大変残念なことは、1階部分の店舗の壁には至る所に落書きが汚らしく、判別ができない文字や絵などで書きなぐられていたことです。赤ペンキや黒ペンキ等でスプレーされて閑静な住宅街の環境の良さを台無しにしている気分がしましたね。

大和田：　植物が繁茂して特につた類が壁面を覆うところもあり、空き家全体が、まさにゴミ屋敷のように映りました。

大和田　主事

井上： そこで、早速、空き家の所有者を探索するために法務局に行って登記調査を行いました。次はそこに記載されている氏名・住所（区外）を手掛かりに、記載された住所地の役所に、本籍地記載の住民票や戸籍謄本と戸籍の附票を公用申請しました。

大和田： 通常は、先ず本籍地記載の住民票を取り寄せてから、戸籍調査をするのですが、登記簿に記載された住所が本籍地である場合も考えられるので、ダメ元で住民票や戸籍関係の書類も同時に申請してみました。

井上： 今回は、その賭けが大当たりして、めでたく戸籍謄本等の書類を入手することができましたね。

大和田： 登記簿に記載されていた空き家の所有者は、戸籍の筆頭者であり既に死亡されていることが分かりました。しかし、所有者の妻と息子2人は、幸運にも登記簿の住所地に現住していることが確認できました。

井上： 所有者の相続人が判明すれば、空き家対策はほぼ終了となります。あとは、相続人に空き家の除却やその後の利用について計画を確認するだけですから。

大和田： 空き家対策での一番のハードルは、所有者や相続人を見つけ出す事です。登記簿に記載されている所有者の氏名や住所は、あてになりません。所有者が死亡されても相続登記が義務付けされていないので、死亡された所有者の名義のままで放置されているからです。

井上： それはなぜかというと、民法第177条の規定では、不動産を購入した際、不動産登記をしなければ他の者（第三者）に対して、不動産の所有権を対抗（主張）することができないことになっているのに対して、相続で不動産を譲り受けた場合は、不動産登記をしなくても他の者に所有権を対抗できる仕組みになっているからです。

大和田： また、相続登記の手続きは専門的な事項が多く煩雑なため、自分だけでは申請することが困難です。そのため、**司法書士**にお金を払って手続きをお願いすることになり、**登録免許税**という手続きにかかる税金も払わなくてはなりません。

井上： こういった要因が重なって、相続時に所有権登記をしなくても、他人に対抗できることから、相続登記をしないでそのまま放置してしまう人が多いのです。

大和田： ですから、空き家の現存する所有者（相続人）を確定することが一番のハードル

となるわけです。

井上：　今回は、当該空き家の敷地の立地条件が駅近で大変いいために、ただ単に除却で済ませるのではなく、除去後の利活用についても考えてみようということになりました。

大和田：そこで、空き家対策に熱心に取り組まれている東京都のNPO法人の方にご相談することになりました。

井上：　この法人の代表者は、一級建築士の方で、この他には、弁護士や税理士、宅建士、フィナンシャルプランナー、競売不動産取扱主任者、再開発プランナー、管理業務主任者、マンション建替えアドバイザー等の資格を有する錚々たるメンバーで構成されています。

大和田：区としては、こうした第一線で活躍されている実務者の方々のご助言を頂いて、空き家所有者の方に安心して、除却後の土地の利活用についても考えて頂こうと思いました。

井上：　法人の代表者の方にご相談したところ、すぐさま、現地に赴かれ、近隣に聞き込みをするなど独自に調査を開始され、区にも現状と今後のプランについて報告されました。

大和田：　現状として、①火事の火元は2階部屋であり、火災による被害が甚大で、構造躯体は炭化していた。②屋根や開口部が消失して開きっぱなしのため、雨晒しによる構造躯体の腐食がかなり進んでいる。③建物の修繕などによる利活用は不可能なため解体すべきとの結論でした。

井上：　次に、ご用意頂いたのは、①空き家を覆っているつた類などの雑草を除去し建物内に残っている家財道具類の撤去を含めた解体費用の見積、②土地を売却する場合にどのくらいの値段になるかの算定に役立つ路線価資料、③その他土地を利活用する場合の参考資料でした。

大和田：NPO法人と相談された相続人の方の話で、これまで空き家が放置され続けられた原因が、やはり、処分するための手持ちのお金がなかったことが明らかになりました。

井上：　そのため、相続人の方は、NPO法人から当該地を売却する前提であれば、その中から解体費用を捻出できる等の説明を受け、かなり安心されていたようでした。また、すぐに売却せずとも、この土地には金融機関等からの借入金がなく抵当権が設定され

ていなかったので、この土地を担保に入れてお金の調達ができる環境にあったことが救いとなりました。

大和田： しばらく、相続人（所有者の妻・長男・次男）同士で今後のことを色々話し合われたようで、その後、次男の方の取り計らいで家族の意見の一致をみて、空き家の解体が決まったという連絡を受けました。

井上： ところが、困ったことに、空き家の1階部分を店舗として貸していた頃の店舗什器類が大量に残っているために、解体作業に入れないと相談が入りました。

大和田： そこで、区がその当時のテナントとして1階部分に入っていた店舗の会社名を相続人から聞きだして法務局でその会社登記を調査し、現在の営業をしている住所を確認しました。そして、相続人には、法務局に行ってテナントだった会社の登記簿を入手すれば、そこに記載されている会社の住所に手紙を出して連絡を取れば、対応してくれるかもとお伝えしました。

井上： 後日、相続人から当時のテナントと連絡がつき、店舗什器類を全て撤去できたので、解体工事に入れると報告を頂きました。

大和田： 別の機会に、NPO法人の代表者の方が区に来庁されて伺った話では、実のところ、相続人に対しては独自に空き家の除却について粘り強く説得を続けておられたようで、そのため、ようやく最終的に次男の方が空き家の解体を決意されたということが分かりました。

井上： NPO法人の代表者の方からのメールでは、無事に解体工事が終了したとの知らせと、更地となった土地については、しばらくはコインパーキングとして利用する方針が決まったとありました。

大和田： 本件では、空き家対策のNPO法人のお力を借りて、空き家の除却やその後の土地の利用について悩んでいた相続人と相談に乗って頂くことで、解決できた事例となりました。

井上： 区単独では、相続人の方々が抱いている不安を取り除くことはできなかったと思います。やはり、除却後の利活用や売買について専門的なアドバイスがあったればこそ、相続人の方々も安心して心を開いてご協力を頂けたのだと思います。

関係法令の説明

関係法令	条文規定
民法	（不動産に関する物権の変動の対抗要件） 第177条　不動産に関する物権の得喪及び変更は、不動産登記法（平成16年法律第123号）その他の登記に関する法律の定めるところに従いその登記をしなければ、第三者に対抗することができない。
説　明	日本の法律では、物を直接的に支配する権利を「物権」と呼んでいる。そしてこの権利は、一つの物の支配に対しては一つの所有権しか存在しないという原則（一物一権主義）に基づいて、不動産を所有する場合においては、不動産登記法で定める登記をしなければ、その物についての所有権を第三者に対して対抗（主張）できないとしている。登記する範囲は、売買などに基づく場合（意思表示による承継）は必要とし、相続などの場合（包括承継）は不要とされている。ちなみに、譲渡・遺産分割協議・遺贈は意思表示による承継とされる。また、上記の条文で「第三者」にあたるとされる例としては、（1）二重譲渡が行われた場合の争うお互いの当事者間の関係、（2）詐欺取消となった後の所有者とその所有物を売買契約などにより取得した第三者の関係、（3）契約が解除となった後の所有者とその所有物を売買契約などにより取得した第三者の関係があげられる。この場合は、先に登記をした方がその所有権を主張することができる。 （1）二重譲渡の例 売主（元所有者）→買主A　家を2000万円で売った 売主（元所有者）→買主B　家を3000万円で売った AとBには、お互いに第三者の関係にあるので、先に登記した者が所有権を主張できる

関係法令の説明

説　明	（2）詐欺取消後に転売された場合の例 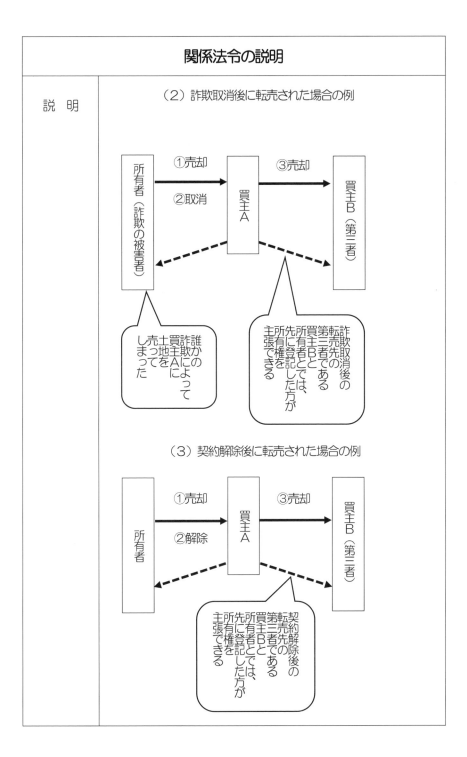

（2）詐欺取消後に転売された場合の例

所有者（詐欺の被害者）　①売却　②取消　買主A　③売却　買主B（第三者）

誰かによって詐欺にあって、土地をAに売ってしまった売主

詐欺取消後の転売先の第三者である買主Bとでは、先に所有権を登記した方が所有権を主張できる

（3）契約解除後に転売された場合の例

所有者　①売却　②解除　買主A　③売却　買主B（第三者）

契約解除後の転売先の第三者である買主Bとでは、先に所有権を登記した方が所有権を主張できる

≪用語説明≫

司法書士
　司法書士法に基づく国家資格で、登記の事務手続等や裁判所・検察庁・法務局等に提出する書類の作成等を行う専門家のこと。また、法務大臣から認定を受けた認定司法書士については、簡易裁判所等における民事訴訟や調停等おいて当事者を代理することができ、近年においては貸金業者に対する過払金の請求等の業務で知られている。

登録免許税
　土地の購入や建物の建築をした場合には、所有権保存や移転登記等を行うが、その際の手続にかかる税金のこと。この税金は、登録免許税法に基づく国税で、不動産や船舶、航空機の登記の他に、人の資格の登録や技能証明、特許、特定業務に関する免許・許可・認可等についても課せられる。

NPO法人
　NPO とは、Nonprofit Organization あるいは Not-for profit Organization の略で、平成 10 年 12 月に施行された特定非営利活動促進法に基づき、ボランティア活動をはじめとする市民の自由な社会貢献活動としての特定非営利活動の健全な発展・促進を目的として法人格が付与された特定非営利活動団体のこと。特定非営利活動には、社会教育の推進を図る活動、まちづくりの推進を図る活動、環境の保全を図る活動、人権の擁護又は平和の推進を図る活動等の多方面にわたる活動がある。

覚えておきたい知識のミニテスト 05

問題 01　下記の（　　　）に適語を入れよ。
　財務省の資料によると、大量相続時代の到来に備えて、国庫に帰属される財産で、相続税で物納が難しいとされる不適格財産と同様なものについては、その引き取りについて見直しが行われている。相続税法施行令で、管理処分（　①　）財産として列挙されているものとしては、境界が明らかでない土地、耐用年数を経過している建物、がけ地、面積が著しく狭い又は不整形な土地等がある。また、（　②　）財産としては、違反建築物や接道要件を満たさない敷地等がある。

問題 02　下記の（　　　）に適語を入れよ。
　財務省の資料によると、国庫に帰属される財産も急増しており、平成 25 年には約（　①　）億円だったのが、5 年後の平成 30 年には約（　②　）億円となった。この影響で国庫帰属財産の維持費の捻出に困った財務省が（　③　）財産等の引き取りの見直しを行うようになった。

　ミニテストの解答は、34 頁にあります。

≪73 頁の「相続財産管理人の選任数」と「国庫に引き継がれる財産」に関する参考文献≫
◆「相続財産管理人の選任数」について
　裁判所の司法統計：家事平成 30 年度 2 家事審判・調停事件の事件別新受件数 全家庭裁判所
　（第 2 表　家事審判・調停事件の事件別新受件数―全家庭裁判所）
　https://www.courts.go.jp/app/files/toukei/688/010688.pdf
◆「国庫に引き継がれる財産」について
　財務省の「歳入決算明細書」（裁判所主管分）
　「平成 25 年度歳入決算明細書」（裁判所主管分）、20 頁、第 187 回国会提出
　https://www.bb.mof.go.jp/server/2013/dlpdf/DL201377001.pdf
　「平成 30 年度歳入決算明細書」（裁判所主管分）、20 頁、第 200 回国会提出
　https://www.bb.mof.go.jp/server/2018/dlpdf/DL201877001.pdf
　　（最終閲覧日：令和 2 年 2 月 21 日）

所有者不明土地の利活用について

1、所有者不明土地問題について

　不動産登記簿等の所有者台帳によっても、所有者が直ちに判明しない、又は判明しても所有者と連絡がつかない土地は、「所有者不明土地」と呼ばれています。（ただし、所有者不明土地法においては、第2条で「相当な努力が払われたと認められるものとして政令で定める方法により探索を行ってもなおその所有者の全部又は一部を確知することができない一筆の土地」を「所有者不明土地」と定義しています。）

　このようになってしまった原因には、①所有者台帳が更新されていない、台帳間の情報が異なる等の理由から、土地の所有者の特定が直ちに行うことが難しい、②所有者の特定はできたが、所有者の所在（転出先、転居先等）が不明、③登記名義人が死亡しており、その相続人が多数、④所有者台帳に、全ての共有者が記載されていないこと等が考えられます。所有者が不明な土地を放置した場合は、あらゆる面で不都合が生じますので、今後はそれを増加させない社会を作っていく必要があります。

　所有者不明土地問題研究会の最終報告概要には、具体案として、①相続登記の実質的な義務化をはかり、相続登記等を促進させる、②空き家バンクやランドバンクの取り組みによる空き地空き家の利活用の推進や農地・森林の利活用を推進する、③一時的な公的色彩を持った受け皿となる「新たな組織」を設置して、土地を手放すことができる仕組みづくりを行う等と書かれています。そのなかで、所有権を手放すことができる仕組みについては、親から土地を相続したが居住地と離れていて管理ができないとか、利活用も売却も難しい土地である場合は、上記の「新たな組織」が相談や管理委託等を受け付けて、希望者に利用しやすい状態で売却等の処分を行うという画期的な制度が検討されています。

　また、所有者が不明な土地について、①一定期間公告を行なって、所有者である申し出がなかった場合は「新たな組織」が占有を開始して一定期間経過後はその所有権を取得できる制度、②逆に公告に応じて所有者が申し出た場合は書類審査でその真偽を確認して所有者を確定させる制度を通して、すべての土地所有者が分かる社会の実現を目指すという、いわば「現代版の検地」を実施することも検討されています。

2、表題部所有者不明土地の登記及び管理の適正化に関する法律について

　この法律（令和元年法律第15号、以下、「本法」という。）は、令和元年5月17日に成立し、同月24日に公布され、今年（令和2年）11月に施行されます。本法は、平成30年6月6日に成立し、令和元年6月1日全面施行された「所有者不明土地の利用の円滑化等に関する特別措置法」（平成30年法律第49号）の法目的を具現化させる法律です。

≪上記事項の参考文献≫
「所有者不明土地問題研究会　最終報告概要」
〜眠れる土地を使える土地に「土地活用革命」〜
（所有者不明土地問題研究会、平成29年12月13日）
http://www.kok.or.jp/project/pdf/fumei_land171213_02.pdf
（最終閲覧日：令和2年2月21日）

大きな柱としては、（1）登記簿における表題部の所有者に関する氏名や住所等の記載について正常に登記されていないことから生じる不都合を是正し、（2）所有者が不明となった土地について、所有者の探索を行っても特定できなかった場合は、新たな財産管理制度を設けて、裁判所から選任された特定不能土地等管理者によって売却等の処分ができるというものです。

　（1）については、86頁の「知って得するコラムその4」の地籍調査でも述べていますが、明治時代の地租改正により、土地の面積に一定の税率をかけて現金で税金を納める仕組みとなりました。その際、固定資産税を徴収する目的に作成されたのが土地台帳でした。土地台帳は昭和25年の税制改革まで税務署等で置かれていましたが、税制改革後は、固定資産税の徴収を市町村（東京23区では都）で行うようになり、土地台帳は法務局で保管されるようになりました。土地台帳では、表題部における所有者の氏名等の記載に不備がありました。例えば、所有者の名前だけで住所が記載されていない場合や所有者の代表者・山田太郎外3名という感じで、全員の名前が分らない場合などです。

　ところが、昭和35年以降の土地台帳と不動産登記簿との一元化作業後も上記の不備が原因で、登記簿の権利部の記載がないものや表題部が不明なものができてしまいました。所有者の記録がないため、こうした所有者が不明な土地について住民票や戸籍等で所有者を探索することは困難を極めます。ここで、「表題部所有者不明土地」は、所有権の登記がない一筆の土地のうち、表題部に所有者の氏名又は名称及び住所の全部又は一部が登記されていないものと定義されています。そこで、この問題を解決すべく、本法により、これらの所有者不明土地の所有者を探索する「所有者等探索委員制度」が創設されました。司法書士や土地家屋調査士等の資格を有する人や自治体のOB等から、この探索に必要な知識・経験を有する人が所有者等探索委員に任命されます。委員は必要な所有者探索の調査を行い、その結果を登記官に報告します。そして、登記官はその調査結果を基に古い表題部所有者の登記を抹消して新たな登記に作り直します。しかし、所有者が特定できない場合は、その旨を登記することになっています。

　（2）の財産管理制度としては、既に民法25条に基づく不在者財産管理人制度と民法952条に基づく相続財産管理人制度がありますが、この財産管理制度は本法によって新たに創設されたものです。基本的な仕組みはほぼ前述の2つの制度と同じです。
　上記の所有者等探索委員による探索によっても所有者を特定出来なかった土地に対しては、利害関係人が申立てを行います。裁判所はその申立てを受けて、特定不能土地等管理者を選任して、その管理者による管理を命ずる処分（特定不能土地等管理命令）を行います。それによって所有者不明の土地が管理され、場合によっては売却等の処分も行われることになります。売却された場合の代金は、相続人等の所有者が見つかったときに備えて供託されますが、時効消滅した後の供託金は国庫に帰属されます。これにより、所有者が不明なことが原因で放置され続けてきた土地も本法によって処分されることになり、不動産市場に出回る可能性が出てきました。したがって、空き家のある敷地の所有者等が不明な場合は、この法律により処分されることになります。

≪上記事項の参考文献≫
表題部所有者不明土地の登記及び管理の適正化に関する法律について（法務省ホームページ）
http://houmukyoku.moj.go.jp/homu/page7_000027.html
（最終閲覧日：令和2年2月21日）

3、相続税や国庫帰属における物納要件について

　ここで、気になる動きがあります。それは、平成 30 年 11 月 28 日付の財務省理財局が示した「引き取り手のない不動産への対応について」という資料です。この資料の冒頭には、「所有者不明土地など引き取り手のない不動産の増加が社会問題化する中、政府全体として取組みを推進しており、国有財産行政として可能な対応の検討が必要と考えられる」とし、「財務局が、引き取り手のない不動産を引き受ける場合としては、①所有権放棄、②寄附、③相続人不存在の場合における清算後の残余財産の国庫帰属といった場合が考えられ」、「国庫帰属等により、引き取り手のない不動産を引き受けていくこととなれば、財産的価値が乏しい不動産のストックが増加し、維持管理に費用を要する財産や売却が困難な財産の増加が見込まれるため、管理コストの削減や売却促進の方策についても、併せて検討が必要である。」と書かれています。既に相続税の物納については、相続税法施行令で、（1）管理処分不適格財産（物納に充てることのできない財産）として、①境界が明らかでない土地、②他の不動産と一体で利用されている不動産等、③管理又は処分を行うために要する費用の額がその収納額と比較して過大となると見込まれる不動産、④耐用年数を経過している建物、⑤がけ地、面積が著しく狭い土地又は形状が著しく不整形な土地でこれらのみでは使用困難な土地、⑥有害物質により汚染されている不動産等が規定されています。また、（2）物納劣後財産（他に適当な価値の財産がある場合には物納に充てることのできない財産）として、①法令の規定に違反して建築された建物及びその敷地、②建築基準法に規定する道路に 2 m 以上接していない土地（無接道敷地）、③法令の規定により建物の建築をすることができない土地（建物の建築をすることができる面積が著しく狭くなる土地を含む）等が規定されています。
　そして、国庫帰属についても、現状、「相続人不存在の財産は、利害関係人等からの申立てに基づき、民法に規定の一定の手続を経て、なお残余財産がある場合には、その財産の良し悪しに関係なく国庫に帰属する」が、「今後、大量相続発生時代を迎え、相続放棄などにより相続人不存在となる状況が増えることが予想される中、国有財産を管理する立場から、これまで以上に国庫帰属の状況を把握する必要があるのではないか。」と課題をあげて、「国庫帰属にあたっては国有財産を管理する立場から、多額の管理費用を要する事案が生じた場合」などにおいて、必要に応じ、「法務局等の関係機関と相談し、相続財産管理人等に必要な対応を求めることとなる。」と見直しが書かれています。つまり、これまでは、物納される「財産の良し悪しに関係なく国庫に帰属」してきたが、今後は、「大量相続時代」の到来を踏まえて、財務省が引き取った後に換価処分できないような財産については、その維持管理コストがかかって困るので、それを回避すべく、相続税で問題となっているような不適格財産にあたるような財産の物納については、相続財産管理人等に必要な対応を求めるので、物納が難しくなるのかも知れません。この背景には、裁判所の司法統計をみると、平成 30 年の相続財産管理人の選任数が 2 万 1,122 人と急増し、平成 12 年の 7,639 人と比べると 2.76 倍に増加しています。また、財務省の「歳入決算明細書」（裁判所主管分）をみても、国庫に引き継がれる財産も増加傾向にあり、平成 25 年には約 337 億円だったのが、5 年後の平成 30 年には 1.86 倍の約 628 億円に上っています。これらの動きが大いに影響しているように思えます。

≪上記事項の参考文献≫
「引き取り手のない不動産への対応について」（財務省理財局、平成 30 年 11 月 28 日）
https://www.mof.go.jp/about_mof/councils/fiscal_system_council/sub-
of_national_property/zaisana301128a.pdf
（最終閲覧日：令和 2 年 2 月 21 日）

現法制下での空き家と所有者不明土地の是正及び利活用プロセスについて

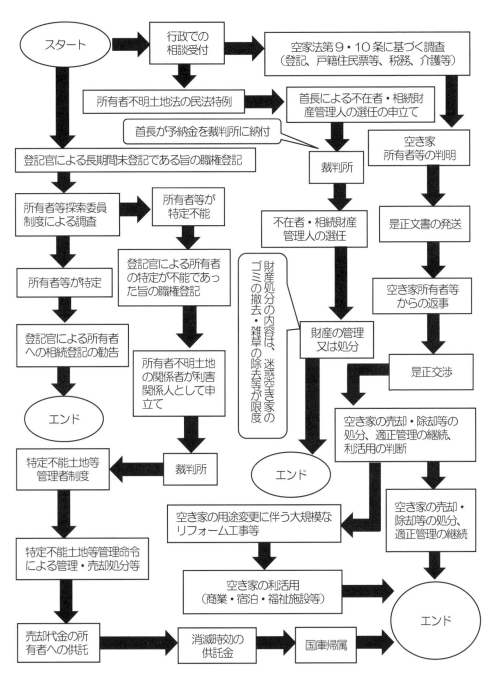

空き家等の財産管理制度における
処分のプロセスについて

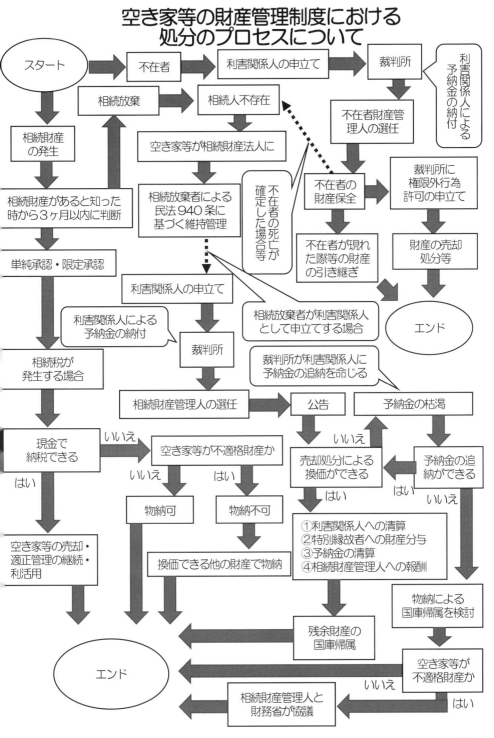

事例概要

事例NO.	06		
カテゴリー	東日本大震災の揺れで隣家に傾いた空き家		
事案時期	平成23年3月～平成25年12月 （空家法がない時代の事例）		
課題事項	①震災で傾いた空き家 ②当該空き家が隣接家屋と構造上繋がっている ③除却後のプランについて意見の集約ができていない		
登記情報	土地	地積	27.72㎡
		地目	宅地
	家屋	種類	居宅
		構造	
		床面積	1階 20.52㎡、2階 18.86㎡
事例概要	相談者は、隣接居住者である。東日本大震災の揺れの影響により空き家が傾き隣接の相談者宅に寄り掛かかる状態となった。空き家は元々店舗であったが、店主の死去により空き家となった。相談者は死去した空き家所有者の相続人（息子）の連絡先を知っていたので、区が法務局で登記記録を調査するとともに、相続人に対し今後の空き家の処分などについて問い合わせる文書を発送した。相続人に除却後の土地の利活用などについて相談をしたいとの意向があったため、空き家対策のNPO法人に協力の依頼を行った。相続人と区とNPOの三者で数回に渡る会合を開き、現状における問題点やその解決のための最善方法を検討したが、なかなか意見の一致を見なかった。また、傾いた空き家を調査するなかで、隣接する別の家屋が当該空き家と構造上一体化していて、なおかつ、その家屋が所有権境を越境する形で空き家のある敷地に建物が建てられていることが判明した。そのため、空き家を除却した後、越境占用されている部分の敷地の取り扱いをどうするかを巡って隣接家屋の住人と協議する必要が出てきた。この他、単に空き家を除却すると固定資産税の軽減措置が解除されて増額になることや当該地での再建築などにかかる費用をどう捻出するかについて課題が多い事例となった。		

現場の位置図

東日本大震災の影響で
空き家が傾き
相談者宅に
もたれ掛った事例ですが
その空き家と構造上
一体化した隣接家屋が
無接道敷地にある
建物であるために
土地の処分がなかなか
決まりませんでした

宮城 主任

建築基準法上の道路

空き家

隣家
（無接道敷地）

空き家と一体化した隣接家屋
の屋根が破損してしまった

空き家と相談者宅の
屋根がぶつかり合っ
ている。

相談者宅

イラスト
空き家の隣家建物が
越境して空き家の敷
地を占有している

建築基準法上の道路

空き家と一体化した隣接家屋の
通路幅が1m程しかなかった

※ここの現場イラストは、78頁にあります。

現場のイラスト画像

イラスト

屋根がねじれて破損している

空き家

隣家

この線まで隣家が越境占用している

空き家のある敷地

隣家が越境占用している敷地

隣家の敷地

所有権境

この部分の敷地を借地契約で隣家に貸し出そうと提案した

【担当者による解説】

伊藤：　本件は、密集した住宅に囲まれた空き家が東日本大震災の大きな揺れの影響で家屋が傾き、隣接する相談者宅にもたれ掛かる状態となってしまった事例です。

宮城：　今回の特徴は、空き家所有者の相続人と区が、問題解決のために協力を依頼した空き家対策のNPO法人と色々と相談して、一緒に解決方法を模索していったということです。

伊藤：　相談者が空き家の所有者と古くから近所付き合いがあり、家族に関する情報も持っていたことが、解決を早めました。

宮城：　しかし、区の現地調査で問題となったのは、この傾いた空き家がどのような構造になっているか正しく把握できない状況になっていたことでした。

伊藤：　それは、後で分かったことでしたが、傾いた空き家と相談者宅以外に隣接する家屋とが実は構造上一体化した作りとなっており、つまり、簡単に言うと、空き家と隣接家屋は**長屋**風に繋がっていたのでした。そして、その繋がった家屋の敷地は、その建物の玄関から道路に抜けるまでの通路の幅が1m程しかない、つまり無接道敷地の上にその隣接家屋が建てられていたことが判明したのでした。

宮城：　更に都合の悪いことには、その隣接家屋が空き家のある敷地に所有権境を越えて建物の一部が占拠する形で建っていることも分かりました。長屋風の建物だから作るときはあまり境界線を気にしなかったのでしょう。

伊藤：　この他、震災で空き家が傾いてしまったことで、繋がっていた隣接家屋の屋根の一部がねじれてしまい、破損してしまいました。

宮城：　そのため、無理に空き家を除却しようとすると、既に屋根部分で破損している隣接家屋も大きく影響を受けて、他の箇所でも破損する恐れが出てきました。

宮城　主任

伊藤： また別の視点の問題としては、空き家を除却すると固定資産税の住宅用地の軽減措置特例が解除されて、元の税額（現状からだと６倍の額）になってしまうことでした。

宮城： これらの問題はあまりにも専門的な事項が多かったので区単独での対応は難しいと判断し、東京都で熱心に空き家対策に取り組んでおられるNPO法人に相談することにしました。すると、すぐさま一級建築士でもある代表者の方が、現地調査をされた上で、相続人の方を区役所にお呼びして、調査結果を報告するとともに解決に向けた方向性を示されました。

伊藤： NPO法人の結論としては、空き家が震災で相談者宅に傾いてもたれ掛かった状態にあるため、空き家を修繕して利活用することは技術的に不可能であり、解体が望ましいというものでした。また、相続人が現在のところ手元にまとまった現金を保有していないことから、土地の売却を行い、その売却益から解体費などを賄う方がベターだというものでした。

宮城： しかし、解体をする場合は、空き家と構造上一体化している隣接家屋の屋根がねじれて一部破損していることから、重機を使った解体作業では隣接家屋側も壊れてしまうため、原則、解体作業は人の手によるものとするという内容でした。

伊藤： 重機を使わない手壊しの解体費用は通常のものと比べるとかなり高くなりますが、空き家のある敷地の立地条件が大変良いので、高く土地が売れることを想定にして、特に支障はないだろうとする見解でした。

宮城： 具体的な話では、隣接家屋の屋根や外壁等の修繕を行うことを念頭に入れた場合でも、当該空き家（木造２階建）の解体費用の概算は150万円くらいとなりました。しかし、解体後の残置物の処分費用については現時点では不明ということでした。

伊藤： 次に除却後に取り組む課題として、所有権境を越境している隣接家屋側とのやり取りでした。つまり、越境占有されている敷地の面積を測量してしっかりと確定させる必要があるというものでした。

宮城： また、越境占有されている部分を確定するためには、当該空き家の敷地全体の境界確定の測量が必要であるとされました。そのためには越境している敷地の地権者のみならず、その境界点に係る全ての隣接敷地の地権者に立ち会いを求めて、**境界確定図面**に地権者全員の印鑑を押し、境界線を明確（確定）にする必要があるとされました。

伊藤：　なぜ、このような境界確定をするかというと、越境されている状態を放置したまま
　　　　にしていると、将来隣接家屋の地権者にその越境部分の敷地の所有権を既得権的に主
　　　　張される恐れがあるためです。

宮城：　民法第１６２条では「取得時効」という制度が認められています。その制度では、
　　　　他人の土地であるにもにもかかわらず、その土地を所有する意思持って、平穏かつ公
　　　　然に、一定期間（善意無過失だと１０年間・悪意だと２０年間）占有していると、そ
　　　　の土地の所有権を取得することができるのです。

伊藤：　したがって、この隣接側の取得時効を阻止するための最良の方法としては、相続人
　　　　側が空き家の土地の敷地面積を明確にした上で、隣接側とその越境占有されている部
　　　　分の土地についての賃貸借契約を結ぶことです。

宮城：　これはなぜかというと、取得時効を成立させるためには、既に隣接側が取得に必要な
　　　　年数（善意無過失の場合は１０年・悪意の場合は２０年）に達していたとしても、裁
　　　　判を起こしてその取得時効の権利を主張する手続が必要となるからです。

伊藤：　このように裁判を起こして権利を主張することを「時効の援用」といいます。

宮城：　幸運にも本件の場合は、隣接側の地権者がその制度や時効の援用のことをご存知な
　　　　かったようでしたので、NPO 法人は先手を打って、隣接側に借地契約を結ばせよう
　　　　としたのです。

伊藤：　一旦、借地契約を結ぶと、隣接側は相続人側の敷地を越境占有していたという事実
　　　　を認めたことになり、取得時効の権利を事実上放棄することになります。

宮城：　つまり、取得時効の一番大切な要件の「その土地を所有する意思を持って」の部分
　　　　が、賃貸借契約の締結によって「借りるという意思」を表明することに変わるので、
　　　　取得時効そのものが成立しなくなるからです。

伊藤：　この他、隣接側の無接道敷地の状態を解消して、建築基準法上、合法的な建物とし
　　　　て存続させ、或いは当該敷地内で再建築ができるようにするためには、空き家の敷地
　　　　を隣接側に売却する方法が一番手っ取り早い方法だと示されました。

宮城：　空き家の解体費が売却費から捻出できるので、相続人側のメリットは高いとされま
　　　　した。

伊藤： ところが、最終的には、相続人が個人的に付き合いのあった不動産関係者の助言によって、空き家を除却してコインパーキングにしてしばらく様子をみるという判断を下しました。

宮城： NPO 法人も単に除却して更地の状態にしたままだと、固定資産税が高くなるだけだから、隣接家屋側に、若しくは第三者に売却し、その売却益を頭金にして他の不動産を購入した後、購入物件を他人に貸し出す等の資産運用をした方が将来設計を描くことができるとアドバイスしたのですが、残念ながら、そのプランは受け入れられませんでした。

伊藤： でも、相談者宅に傾いて寄りかかった状態から思えば、相続人の方も、色々とためになる専門的な助言を聞いた上で判断されて自分で道を選択したわけですから、結果的には空き家も無事に除却できたので、区の空き家対策としてはある意味、ケーススタディーとしての良い参考事例になったと思います。

伊藤　主任

関係法令の説明

関係法令	条文規定
民法	（境界標の設置及び保存の費用） 第224条　境界標の設置及び保存の費用は、相隣者が等しい割合で負担する。ただし、測量の費用は、その土地の広狭に応じて分担する。
説　明	空き家の利活用で必要となるのが、その敷地の所有権境を明確にすることだ。いわゆる境界確定。隣接土地所有者と境界でもめると、その後の土地の運用に支障がでる。また敷地の境界が明確になれば正式な敷地面積が確定され、金融機関への担保にして融資を得るチャンスが巡ってくる。境界が決まった土地と決まっていない土地では、その資産価値も差が出るとのこと。詳細は、土地家屋調査士に相談するといい。ちなみに、敷地面積には、登記簿上の公簿面積と実際に測量をして測った実測面積とがある。公簿面積は明治政府が行った地租改正時の検地データであり、それが現在もそのまま使われている。しかし、当時の地主は、現金での租税を安くするために過少申告した場合があるので、公簿面積と実態とが合っていない。この問題を解消するために、国は昭和26年に制定された国土調査法に基づく地籍調査を行い、正しい測量面積を出す作業を行っている。この測量成果は法務局で入手できる公図や登記簿の面積に反映される。また、この測量は国や地方自治体の予算で行っている。そのため、境界確定は一般的に数十万円以上の費用がかかるとされているので、地籍調査に応じれば、タダで確定できる恩恵が得られる。ただし地籍調査には何十年という歳月がかかるので、自分の敷地に順番が回ってこない場合は自主的に境界確定をした方がいい。ちなみに境界確定には、道路管理者の立会いを必要とする官民確定（官民査定）と隣接地主立会いの民民確定とがある。

関係法令の説明

関係法令	条文規定
民法	（所有権の取得時効） 第162条 　1．二十年間、所有の意思をもって、平穏に、かつ、公然と他人の物を占有した者は、その所有権を取得する。 　2．十年間、所有の意思をもって、平穏に、かつ、公然と他人の物を占有した者は、その占有の開始の時に、善意であり、かつ、過失がなかったときは、その所有権を取得する。
説　明	空き家のある敷地が、相続人等が不明となり、適正に管理されずに放置され続けられた場合、隣接する地権者にとっては、その敷地を平穏と公然と占有することで、その所有権を取得する機会を得ることになる。善意無過失（過失なく他人の土地と知らずに）で占用した場合は、10年間で取得できる。また、悪意（他人の土地と知った上で）の場合でも20年間で取得できる。今回のケースでも空き家と構造上一体化していた隣接家屋とすれば、その建物の位置が所有権境を越えてまさか空き家の敷地にはみ出て家が建っていたとは思いもよらなかったはずである。しかし、結果的にその家のある敷地が自分の敷地と信じて10年間占有し続けた場合は、取得時効の要件を満たすことになる。しかし、その取得時効の権利を完成させるためには、時効の援用をしなければならない。具体的には、裁判を起こして、占有し続けた事実を証明することである。この点、空き家所有者側がその事実に無頓着で、占有者側に取得時効の完成を阻止する何らかの対抗手段をしなければ、時効の援用をした者の権利が認められることとなり、土地を失う結果となる。ちなみに、他人の土地を最初に占有した者が善意無過失だった場合で、5年間だけ占有した後に他人に5年間貸し出したとしても、トータルで10年間占有すれば取得時効は成立する。また、2番目にその土地を引き受けた者が悪意であっても（最初の者が占有した土地が実は他人のものであると知っていた場合）、トータルで10年間占有状態が続けば、取得時効の要件は満たす。

知って得するコラム　その3

空き家の敷地と取得時効の関係について

1、隣家との所有権境を明確にして管理していない場合

　放置された空き家のある敷地は、所有者の死亡や相続人等の適正な管理が行われていないため、隣家との所有権境についても明確にして管理していない場合は、本事例のようにいつの間にか隣家に地所を占有され、気付いたときは、取得時効によって土地の所有権を奪われる恐れもあります。

2、貸していた土地がいつの間にか借地人の所有地になる場合

　この他の考えられる取得時効の例としては、以下のようなものがあります。

　甲地を所有する地主Aと借地人Bとが借地契約を結んでBがAに地代を払っていた。その後AもBも死亡して、Aの相続人CとBの相続人Dの時代になった。ところがCは財産管理に無頓着で、AとBとが借地契約を結んでいたことを知らないでいた。同時にBから相続を受けたDの方は、BがAと借地契約を結んで地代を支払っていたことも知らないでいた。そのため、Dは甲地がB所有の土地と信じて相続し、所有の意思を持って、平穏かつ公然と、甲地を10年間占有した。これによりDの甲地に対する取得時効が完成したというケースです。

　ここでのポイントは、通常、売買などによる不動産の取得には登記が必要となります。登記をしないと、自分の土地であると第三者に対抗（主張）できないからです。このことは民法第177条に規定されています。

　しかし、相続の場合は相続登記をしなくても良いとされています。そのため、相続時に登記関係を確認しなかった場合は、上記のような事件が発生します。CもDも登記を見ていない場合は、甲地がAのもので、Bがそこを借りていたということすら知らないわけですから。このパターンに関するトラブルは134頁の事例04で紹介しています。

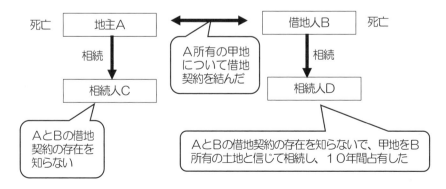

知って得するコラム　その４

1、地籍調査について

　現在、各自治体によって昭和 26 年に制定された**国土調査法**に基づく**地籍調査**が行われています。しかし、都市部では地権者の権利関係が複雑なこともあり、なかなか進展していませんでした。そこで、地籍調査の一層の促進を図るため、昭和 37 年に国土調査促進特別措置法が制定されました。それを受けて現在の地籍調査は、平成 22 年５月に閣議決定された第６次国土調査事業十箇年計画に基づき実施されています。この地籍調査が行われるようになると、公共用財産と私有財産について全ての土地の境界線が明確になります。しかし、現場の実務からいえば、①自治体が年度ごとに地籍調査を実施する対象の地域を決めて、②事前に地権者を探し出し、③事業の説明会を開催して、④委託した測量会社に測量をお願いし、⑤作り上げた測量図面を元に所有権境についての立会確認をして、⑥それに了承する印鑑を地権者から貰って**境界確認書**を作成し、⑦国交省の認証を受けて、⑧その成果が法務局に渡り公図訂正等の登記関係の修正作業を行うという流れがあるので、莫大な労力と、とてつもない時間がかかります。そのため、１つの自治体ですべての地域が確定されるまでには、何十年という単位の時間を要します。そこで、空き家のある土地を所有している場合は、地籍調査を待たずに積極的に自ら率先して境界確定を行った方が良いことになります。

2、公簿面積と実測面積

　法務局に保管されている登記簿に記載されている面積を公簿面積といいますが、この数字は、明治時代の初期の**地租改正**に伴って行った測量で算出した当時のものです。江戸時代までは土地の生産力を石高であらわし、お米で年貢を納めさせる税の取立てをしていましたが、明治時代からは、土地を測量してその面積に応じて現金で税を取り立てる方式になりました。その際に利用された数字が公簿面積で、その数字が現在も登記簿でそのまま使われています。当時の測量技術は現在と比べるとやはり精密さに欠け、また税を少なくしたいと考えた地主によって実際よりも過少申告されることがありました。そのため、現在のコンピューターや光波、ＧＰＳ等を駆使した最新技術で測量して得られた実測面積と比べると大きな差が生じてしまいます。そこで、この差を修正して、正しい面積で売買等の土地の取引をしないと経済活動に大きな支障が生じることになります。

3、土地の所有権境のトラブル

　地籍調査が行われず、土地の境界線が不明確な地域では、土地の売買や相続等を契機に隣接居住者等と土地の境界を巡ってトラブルが発生する場合があります。

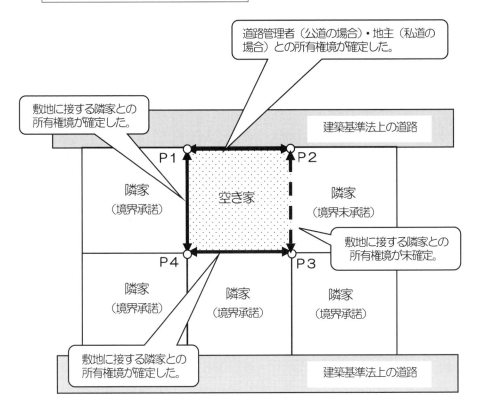

〇印P1～P4は、境界点
実線の矢印は、確定した場合の境界線
点線の矢印は、未確定の場合の境界線

道路管理者（公道の場合）・地主（私道の場合）との所有権境が確定した。

敷地に接する隣家との所有権境が確定した。

建築基準法上の道路

P1　空き家　P2

隣家（境界承諾）

隣家（境界未承諾）

敷地に接する隣家との所有権境が未確定。

P4　P3

隣家（境界承諾）

隣家（境界承諾）

隣家（境界承諾）

敷地に接する隣家との所有権境が確定した。

建築基準法上の道路

　上記の図のようなケースの場合は、境界点P2～P3の間の所有権境は、土地所有者の当事者間で合意が得られず、空き家の敷地面積が確定できていません。最近は、新しい所有者となる購入者が、隣地所有者と所有権境を巡ってトラブルになることを避ける傾向にあり、境界線が決まっていない場合の土地の売買等が難しくなっています。逆に決まっている場合は、資産価値が高くなり、高値で売れるようになります。また、少子・高齢化社会を反映して、登記簿を見たら隣地所有者が既に死亡していて、その相続人がなかなか見つからず、境界確定ができないケースも見受けられます。

　空き家のある敷地を所有若しくは相続する予定がある方は、早目に隣地との境界がどうなっているか、法務局に保管されている登記簿や**地積測量図**等で確認されることをお勧めします。この場合の相談相手の専門家としては、登記簿や相続関係人等の調査、現地での測量、境界確定図面の作成、隣地所有者との境界確認書の作成等についてプロである**土地家屋調査士**となります。

≪用語説明≫

長屋

　国土交通省の「建築動態統計調査」の用語定義によれば、長屋とは、「2つ以上の住宅を1棟に建て連ねたもので、各住宅が壁を共通にし、それぞれ別々に外部への出入口を有しているもの」とされる建物のこと。長屋は共同住宅とは違って特殊建築物の対象外であるため、共同住宅のような厳しい要件を満たさなくても、一般の戸建住宅のように2階建や3階建となった重層長屋を建てることができる。そのため、住宅密集地の旗竿敷地等で長屋が建てられると、防災上の危惧から周辺住民とトラブルになるケースが目立つ。そのため、東京都では、東京都建築安全条例の一部が改正（平成31年4月1日施行）され、長屋の建築に関する規制が強化されている。

境界確定図面

　境界確認書の作成に必要とされる測量図面のこと。この図面には、現況の状態が測量の絵図面として記されており、その上で正確な測り込みをした土地の所有権境等の境界点や境界線が表示されている。昔は境界点の位置については複数の境界石やブロック塀角等の事物から寸法を付して特定する方法が用いられていたが、コンピューターが発達した現代においては、（X，Y）の関数座標で、境界点の位置の特定や境界線の長さ等を算出する方法になっている。なお、関数座標には、その場所で任意に設定する任意座標と公共的な座標として予め設置されたものを用いる公共座標とがある。

国土調査法

　国土の開発及び保全並びにその利用の高度化に資するとともに、あわせて地籍の明確化を図るため、国土の実態を科学的且つ総合的に調査することを目的とした法律のこと。この法律では、①基本調査、②土地分類調査、③水調査、④地籍調査の4種類を「国土調査」として規定している。

地籍調査

国土調査法に基づき、市町村が主体となって行う一筆単位における土地の調査のこと。この調査では、所有者や地番、地目等を調査するとともに、土地の境界の位置や面積についても測量して調査を行う。

境界確認書

　隣地との土地の所有権境を測量によって明らかにし、その結果を証明する書類のこと。この書類には測量によって明らかになった所有権境について、隣接する地権者同士が認め合い、その地権者の住所・氏名・立会年月日を記載の上、押印している。この境界確認書は、公図や登記簿等の登記書類の誤りを訂正する場合や土地を売却する場合、相続に伴い土地を分筆する場合、行政の立会の下で行われる官民境界を確定する場合にも必要とされる。

地租改正

　明治6年から明治政府が始めた租税改革のこと。江戸時代の年貢米のように農作物による物納ではなく、地価に対して税率を課し金銭で納税させることで、農作物の豊作・凶作にかかわらず、安定した税収を確保できるようになった。

地積測量図

　不動産登記令第2条第3号で、「一筆の土地の地積に関する測量の結果を明らかにする図面であって、法務省令で定めるところにより作成されるもの」と定義されている図面のこと。不動産登記規則（平成17年法務省令第18号）により、土地所在図同様、一筆単位で作成され、原則、250分の1サイズで作成される。土地の表題登記や分筆登記申請する場合には、地積測量図の添付が必要とされている。また、法務局に保存されている地積測量図は誰でも閲覧や写しの交付請求ができる。

土地家屋調査士

　土地家屋調査士法に基づく国家資格で、他人から依頼され、土地建物の所在・形状等を調査し、測量図面の作成や不動産の表示に関する登記申請手続等を行う専門家のこと。昭和24年のシャウプ勧告（戦後のGHQの要請による日本の租税に関する報告書）によって、国税であった固定資産税が市町村税に変わり、これまで税務署が管理してきた「土地台帳」と「家屋台帳」が一元化された。これにより、課税台帳としての機能というよりは土地建物の現況を正しく表示するための台帳として法務局（登記所）に管理移管されることになった。そして、その台帳業務の適正化や登記手続の円滑化、不動産に関する国民の権利を明確化するために昭和25年に土地家屋調査士法が制定されることとなった。

林　主任

空き家の利活用における
官民協働の在り方についての一考察

1、空き家対策における官民のポジショニングについて

（1）空家法の趣旨は、行政が迷惑空き家をいかに除却処分するかを法的に担保した内容となっています。一応、助成金等の利活用云々について規定した条文はありますが、具体的にどうするかは書かれていません。それは、利活用そのものがあまりにも民事的な範疇の問題だからです。空き家をどういう形で今後利活用していくかについては、空き家所有者またはその相続人によってそれぞれのお考えがあるだろうし、また経済的な事情もあるだろうし、法律というひとくくりのなかで収まる問題ではありません。これを念頭に置いて、空き家の利活用を促進していくには、やはり「民」の立場で牽引される方々が必要となってきます。「官」の立場の行政は、迷惑空き家を除却し、「民」の立場では、迷惑空き家にならないようにその利活用を促進させていくという、いわば「官」「民」協働の役割分担が機能して、初めて空き家対策が成り立つと思います。

（2）そこで、「民」の立場で、行政書士等の専門職が空き家対策に取り組むとした場合の立ち位置を考えてみました。これは、いわゆる経営学で言うところのポジショニングです。この軸にどんな事柄を設定するかで、空き家対策の捉え方が変わってきます。「料金が高いのか安いのか」、「業務量が多いのか少ないのか」、「内容が難しいのか易しいのか」を念頭に置いて、この空き家対策を考えることも出来るでしょう。（図1）

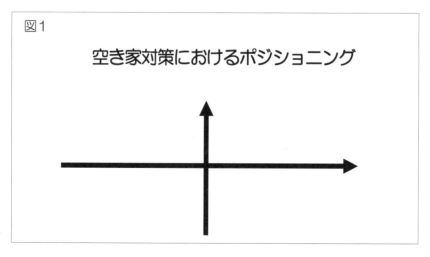

図1
空き家対策におけるポジショニング

（3）私はこのように軸を設定して考えました。先ず、空き家の状態を空家法に即して行政が除却等の是正に必要な措置を講じることとなる「特定空家等」と利活用を促す空き家に分けました。次に空き家に起因する諸問題を訴訟性のある事項とそうでない事項に分けました。（図2）

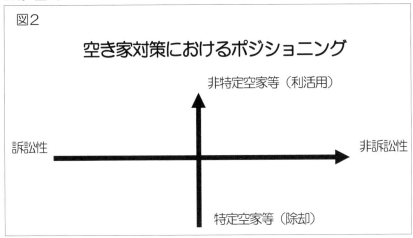

（4）これに行政や行政書士等の専門職を配置すると次のようになります。この配置は、それぞれの専門職についての法律的な立ち位置をみたものです。そのなかで空き家問題に関する専門職には、弁護士をはじめとして司法書士、行政書士、土地家屋調査士、建築士などがありますが、このポジショニングについては特に弁護士法第72条の「非弁行為」を考慮に入れて考えました。（図3）

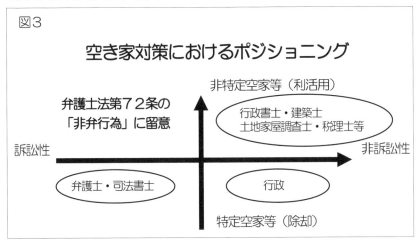

弁護士法

（非弁護士の法律事務の取扱い等の禁止）
第72条　弁護士又は弁護士法人でない者は、報酬を得る目的で訴訟事件、非訟事件及び審査請求、異議申立て、再審査請求等行政庁に対する不服申立事件その他一般の法律事件に関して鑑定、代理、仲裁若しくは和解その他の法律事務を取り扱い、又はこれらの周旋をすることを業とすることができない。ただし、この法律又は他の法律に別段の定めがある場合は、この限りでない。

≪参考資料≫　弁護士法第72条の非弁行為に関する判例

◆最高裁　昭和46年7月14日判決・刑集25巻690頁
「かかる（弁護士）資格を有さず、なんらの規律にも服しない者が、自己の利益のため、みだりに他人の法律事件に介入することを業とする行為を放置すれば、当事者その他の関係人らの利益を損ね、法律生活の公正かつ円滑な営みを妨げ、ひいては法律秩序を害することになるので、これを禁圧する必要があるとの趣旨に基づくものである。」

◆最高裁　平成22年7月20日判決・刑集64巻5号793頁
「交渉において解決しなければならない法的紛議が生することがほぼ不可避である案件に係るものであったことは明らかであり、弁護士法72条にいう「その他一般の法律事件」に関するものであったというべきである。」

　→　以上のことから、弁護士法の非弁行為は、国民の法律生活と法律秩序を守るために設けられた規定であり、訴訟となることが明白な案件（法律事件）以外についてのいわゆる非訴訟性の法律相談等は、行政書士等の他の職種が行っても抵触しないということが分った判例です。空き家に関する法律相談等の法律事務は訴訟にならないレベルであれば可能ということになります。

（5）そうすると、弁護士と司法書士は、ともに裁判所が関係する職種で、訴訟に関する書類なども作成されているので、訴訟性のある問題の領域に配置されることになります。この他、弁護士と司法書士は空き家所有者や相続人が認知症を患っている高齢者だった場合には、成年後見制度の後見人をされることが多いため、他の専門職ではこの領域に立つことはできません。むしろ空き家問題ではこの領域に関する事項は専門的にお願いすることになります。（図4）

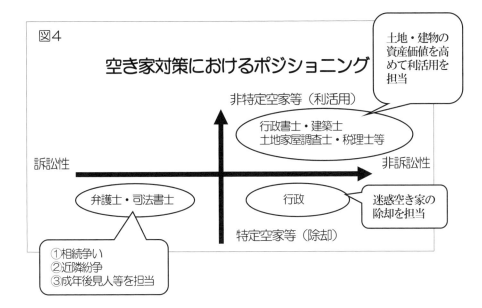

図4

空き家対策におけるポジショニング

土地・建物の資産価値を高めて利活用を担当

非特定空家等（利活用）

行政書士・建築士
土地家屋調査士・税理士等

訴訟性 ←————————————→ 非訴訟性

弁護士・司法書士

行政

迷惑空き家の除却を担当

特定空家等（除却）

①相続争い
②近隣紛争
③成年後見人等を担当

（6）そして、行政書士や土地家屋調査士、税理士、建築士は訴訟性のない案件について、空き家所有者と近隣住民の双方に対して、空き家問題を解決するための知恵を提供し、収益性のある利活用がうまくいくようなコンサルティング業務を行なって頂くことになります。その上で、土地の利活用には、土地の境界確定が隣地となされているかが大きなポイントにもなります。所有権境などの境界が決まった土地では、その資産価値が上がるそうですので、担保に入れて利活用のための事業資金を調達する際には大いに役立つと思われます。この業務は土地家屋調査士が担当することになります。これを受けて税理士はお金の流れや税金に関する助言ができます。そして建築士は、建築基準法に照らして利活用にふさわしい設計や工事を担当することになりますし、行政書士は、空き家の利活用に関係する法的な問題を整理して、必要な行政手続などを行うことになります。こうして、ポジショニングを眺めてみると、空き家対策に関わる専門職の関係性が整理されてくると思います。

2、空き家対策における官民の役割分担について

（7）ここで、行政が空き家調査をする場合についてご説明します。空家法が成立する以前は登記で判明した所有者が既に亡くなっていて、相続登記もされていない場合は、調査が行き詰まっていました。それは、住民基本台帳法施行令で、死亡又は転出した状態で5年を経過した場合は、住民基本台帳のデータを抹消するように規定しているからです。こ

の点、令和元年に住民基本台帳法施行令が改正（令和元年6月12日公布、令和元年政令第25号）され、住民票の除票や戸籍の附票の除票の保存年限が5年から150年へと変わりましたが、改正前のデータは抹消されているので、調査は困難となります。（図5）

図5

士業の専門職が活動するに当たっての課題

≪空家法第9条・第10条における行政での調査≫

①空き家所有者等の調査

※登記簿に記載された所有者は、既に死亡しており、相続登記がなされていないケースが多い。

※死亡・移転で5年を経過した場合は、住民基本台帳法施行令により、住民記録の電子データが抹消されてしまうので、追跡調査は不能となる。

（8）そこで、空家法の10条規定には、その問題を克服する方法として固定資産税の納税者情報を空き家対策の部署が得られるようにしたのです。23区の場合は、区役所が都税事務所に情報開示の請求を行うことになります。（図6）

図6

士業の専門職が活動するに当たっての課題

②所有者死亡・相続関係人不明等で、税の納付が行われている案件

→ 都税事務所での固定資産税情報の調査を行う。

※都税事務所に差押されていない家屋は、誰かが納税している証拠であるから、その納税者の情報から相続関係人を割り出す。

（9）しかし、士業の専門職が空き家所有者や相続関係人を探そうとした場合は、行政のように固定資産税の情報を得る権限が法律上ないので、昔の行政と同じ状況に留まることになります。これが、空き家対策における専門職の大きな課題です。そこで、この課題を克服する仕組みを考える必要があります。一般に印鑑証明書付きの委任状があれば代理行為の大抵のことはできてしまいます。それと同じ考えで、例えば行政と行政書士会が空き家所有者や相続人などの探索に関する業務委託契約を結んで、固定資産税の納税者情報を行

政書士会が得られるような仕組みを作ることです。もしこれができない場合は、別の手立てとして、固定資産税情報の取得は行政に任せて、その他の住民票や戸籍等の調査を行政書士が行政に代わって行うという仕組みです。

（10）行政における空き家対策に従事する職員は、実は一人とか二人とかで、それも他の業務を掛け持ちで行なっているのが実態です。そのため、日々、空き家に関する苦情や相談が多数入ると、とても現状の人員で、相続関係人を探索することは不可能です。そこを行政書士会と提携を結んで、一般の行政職員が持ち合わせていない法的な専門知識や相続人の探索に関するノウハウについてのお知恵をお借りしながら空き家対策に取り組むことができたなら大変心強いことになります。（図7）

図7
士業の専門職が活動するに当たっての課題

士業の専門職には都税情報（固定資産税の納税者情報）を調べる権限がない。

①行政と「業務委託契約」を締結して、税務調査について委任条項を
　設けて専門職が行えるようにする。
もしくは
②行政と連携して、税務調査は行政に依頼してそれ以外の戸籍・住民票等の
　調査は、専門職が行う仕組みを作る。

（11）この課題は、行政書士だけではありません。他の専門職である弁護士にも司法書士などにもいえることです。平成28年9月に四谷の「日司連ホール」で行われた司法書士会の空き家対策の研修会で、私は講師の方にこの点について質問をしました。司法書士は訴訟を前提とした案件の依頼を受けて調査を行いますが、その際、固定資産評価証明書を職務行為として入手できるそうです。この証明書には納税者の情報が入っている場合があるので、そこから相続関係者の住民票や戸籍を辿って実際の所有者を特定することが可能であるというのです。

（12）それを裏付けるかのように、平成28年12月20日付の都政新報に司法書士会が葛飾区と空き家対策について業務提携を行なったという記事が掲載されました。この記事を読んで、空き家対策の所有者等の調査においてネックとなる事項についていち早く官民協働の仕組みを作り上げようとされる姿勢に感動を覚えました。皆さんはどのようにお感じになられたでしょうか。調査しなければならない空き家の数は、平成30年の総務省の

調査では全国で 347 万戸あるとわかりました。その多くは東京をはじめとする大都市圏やその近辺にあるのです。この膨大な数の調査は役所だけでできるものではありません。

（13）私も行政書士の資格を有する者としてこれからの空き家対策を考えると、行政書士の仕事は、行政への申請書類やクライアントの権利・義務や事実証明に関する書類の代行作成が独占業務となっています。空き家対策で四苦八苦している行政と業務提携しつつ、具体的に空き家問題にどう対処していけばいいのか分からず悩んでいる空き家所有者などに対して「街の身近な法律家」として、空き家の利活用に関して、他の業種の専門家と連携してコンサルティングしていけるのではないでしょうか。

（14）また、空き家問題については、空き家の所有者側からも空き家の近隣住民からも行政書士として相談にのることは可能です。例えば、管理不全な空き家のために何らかの迷惑を被っている場合で裁判によらない方法でなんとか事件を解決したいと近隣住民が考えているときは、空き家所有者の居所を探索して、その近隣住民の意向を内容証明などの文書を作成して伝えることができます。また、空き家を利活用したいと考えている所有者の場合は、空き家の実態について、法的な問題点を整理したうえで、利活用のための行政手続を行うとともに、具体的な利活用に必要な建築工事について建築士とプランを立てることができます。また、土地の資産を高めるため、或いは、土地を担保に金融機関からの融資を受けるため、将来の土地の売却に備えて隣地との所有権境を明確にする境界確定を土地家屋調査士に依頼することができます。さらには、建築確認を必要としない大規模な修繕や大規模の模様替工事については、建築確認看板が現地で表示されないため、違反建築の工事を密かに行っていると近隣から誤解されて行政に通報がよく入りますけれども、これについては、予め行政書士が、近隣住民に対して工事の概要説明を行うなど事前の挨拶周りを行うと未然にトラブルを回避することができます。このように、空き家所有者単独では心細い事柄を一緒に相談に乗りながら行うことが、これからの時代で求められている空き家対策の姿だと思います。

（15）最後に国交省の資料によると、日本の人口が急激に減少しているそうで、すでにピークだった 1 億 2,800 万人の 2008 年から 10 年以上経過しています。このまま減少が続くと 2050 年には 1 億人の人口を下回り、9,708 万人になり、2100 年には 4,959 万人となってしまうようです。ちなみに明治維新の頃は 3,320 万人だったそうです。このように日本の人口が急激に減少していくとなれば、当然、人が住まない建物、いわゆる空き家が増えることになるので、早い段階で、空き家の利活用や処分について何らかの手立てをつけていく必要性はあると思います。そこで今後は、行政だけでなく、弁護士、司法書士、行政書士、土地家屋調査士、税理士、建築士等の専門職が互いに連携をとりながら、それぞれの分野のスペシャリストとして知恵を出し合い、この空き家対策に取り組ん

でいくことが求められる社会になっていくと思われます。積極的にこの空き家問題に対応していかないと日本社会はあらゆる面で機能不全に陥ると感じますが、皆さんはいかがお考えになられたでしょうか。（図8）

図8

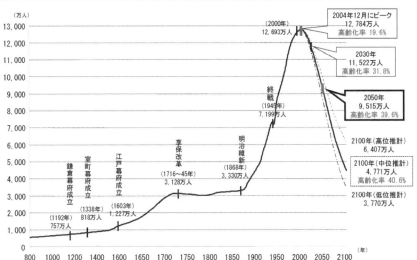

第Ⅰ章 長期展望の前提となる大きな潮流 **我が国の人口は長期的には急減する局面に** 国土交通省

○日本の総人口は、2004年をピークに、今後100年間で100年前（明治時代後半）の水準に戻っていく可能性。この変化は千年単位でみても類を見ない、極めて急激な減少。

（出典）総務省「国勢調査報告」、同「人口推計年報」、同「平成12年及び17年国勢調査結果による補間推計人口」、国立社会保障・人口問題研究所「日本の将来推計人口（平成18年12月推計）」、国土庁「日本列島における人口分布の長期時系列分析」（1974年）をもとに、国土交通省国土計画局作成

（出典）
◆2010 年以前の人口：総務省「国勢調査報告」、「平成 17 年及び 22 年国勢調査結果による補間推計人口」、国土庁「日本列島における人口分布の長期時系列分布」（1974 年）をもとに国土交通省国土政策局作成。
◆それ以降の人口：国立社会保障・人口問題研究所「日本の将来推計人口（平成 24 年 1 月推計）」をもとに国土交通省国土政策局作成

図8 国土交通省国土計画局
「国土の長期展望」中間とりまとめ　概要
平成 23 年 2 月 21 日
国土審議会政策部会長期展望委員会
https://www.mlit.go.jp/common/000135837.pdf

空き家対策における隣接士業間で注意すべき点について

　この一考察では、弁護士法第72条の非弁行為に留意し、空き家対策の官民共働の在り方として各専門職のポジショニングを考えてみました。また、最近では、弁護士・司法書士・行政書士・税理士・土地家屋調査士等の各士業間の業務範囲の線引きについての法改正が立て続けに行われています。

　例えば、2019年6月の司法書士法の改正では、第1条の目的規定が使命規定に変更され、懲戒権者が法務局長から法務大臣となり、一人法人の設立が認められました。

　2008年と2014年には行政書士法が改正され、行政庁における許認可等に関する事項の代理が認められ、行政不服審査法における不服申立てについて特定行政書士が設けられました。

　その他、土地家屋調査士法も司法書士法と同様な改正が行われ、税理士法も税務訴訟では弁護士とともに出廷して陳述できるような改正が行われています。

　このような隣接士業間における業務範囲についてその境界が近づいてくると、弁護士法第72条で定める「非弁行為」に抵触する危険性が高まることになります。
　また、業務範囲の境界線を跨ぐことに気付いた際には、空き家問題の相談者を他士業に紹介して引き継ぐ場合で金銭を伴う周旋をしてしまうケースもあります。

　今後の空き家対策では、官民の共働として、行政以外に、各分野の専門職との連携が必要不可欠となるのは間違いありませんが、その連携においては、上記のような事項について充分な認識をしておく必要があるかと思われます。

【参考文献】
『日弁連七十年』第1版第1刷、第4章　業務改革課題に関する取組
　柴垣明彦　著、「Ⅰ　弁護士法72条と隣接士業問題」
（2019年12月1日、日本弁護士連合会、208頁～210頁）
https://www.nichibenren.or.jp/library/pdf/jfba_info/publication/70kinenshi_4-1.pdf

空き家の利活用時に知っておきたい 接道する道路の知識について

　空き家の利活用を考える場合、必ずその敷地に接道する道路の話がいろいろ出てくるので、ここでおさらいをしておきます。行政が道路管理者として管理する道路は道路法という法律で認定された公道と道路法で認定されていない私道があります。公道と私道の違いは、道路法第４条で規定されている「私権の制限」があるかないかの違いです。私道は所有権境まで管理できますが、公道は「私権の制限」という規定により、所有権境を超えて道路認定された区域境まで他人の土地の所有権を制限して道路として管理できます。そのため、道路境界図には、①土地の所有権境を示した土地境界線の図面（土地境界図）と②道路法の適用範囲を示した道路管理区域線の図面（道路管理区域図）があります。

（私権の制限）

　第四条　道路を構成する敷地、支壁その他の物件については、私権を行使することができない。但し、所有権を移転し、又は抵当権を設定し、若しくは移転することを妨げない。

（注意）公道に対する考え方は各自治体によって異なる場合があります。厳密に道路法の道路が公道であるとする考えや単に行政が管理している道路であれば公道とする考え、警察所管の道路交通法の適用が及ぶ道路が公道とする考え方もあります。著者は道路管理に関する訴訟や判例を研究して、道路法の「私権の制限」がキーワードになっていることに着目し、道路法の適用が及ぶ道路が公道と考えています。詳細は、姉妹本46頁以降を参照のこと。

公道と私道の簡単な説明

公　道		道路法で認定された道路（道路法の道路） （国道・都道府県道・区市町村道等）
私　道	私　　道	個人・企業などの名義の道路
	区 有 通 路 各自治体によって名称や管理することになった経緯等が異なります。	上記の私道が寄付されて区の名義にとなり、条例で管理された道路 ※昭和４０年代に公共下水管の普及（汲み取り式便所から水洗便所への移行）に伴い、下水管の敷設工事の補助金を得るために私道が区に寄付された。
	認定外道路	道路法の認定から外れた道路 （国有無番地や大蔵省・財務省等の名義の土地） ※地方分権化で国から市区町村へ「譲与」された。

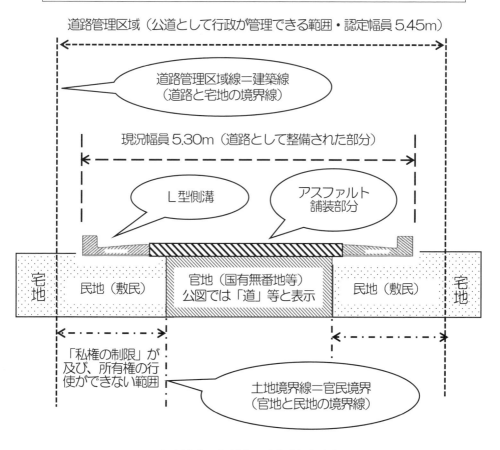

道路のモデル例：認定幅員（告示幅） 3間 ＝ 5.45mの場合

道路管理区域（公道として行政が管理できる範囲・認定幅員 5.45m）

道路管理区域線＝建築線
（道路と宅地の境界線）

現況幅員 5.30m（道路として整備された部分）

Ｌ型側溝

アスファルト
舗装部分

宅地

民地（敷民）

官地（国有無番地等）
公図では「道」等と表示

民地（敷民）

宅地

「私権の制限」が
及び、所有権の行
使ができない範囲

土地境界線＝官民境界
（官地と民地の境界線）

≪公道と私道の法的な違い≫

公道 → 道路法の第４条の「私権の制限」により、道路管理者は
所有権境を越えて、隣接する土地の所有権を制限して
道路管理区域まで道路敷地として管理できる。

私道 → 所有権が及ぶ範囲しか管理できない。

※道路法の適用を受けた道路（公道）では、道路法の「私権の制限」の規定により、官地
（国有無番地等の公有地）だけでなく、それに隣接する民地（私有地）も、その所有権
行使を制限して道路敷地として管理ができる。そのため、道路敷地として組み込まれて
しまった部分の敷地は、分筆されて相続登記もされず放置され、未登記地となる場合が
多い。一般にこの部分の敷地を道路敷地民有地、略して「敷民」と呼ばれる。

「空き家を予防する」という対策

特定非営利活動法人　まち・そら・ネットワーク　代表　　趙　顕德

　「空家等対策の推進に関する特別措置法」の制定により、老朽化し危険で周囲に有害な影響を与える恐れのある空き家を法的根拠でもって除却できる道が開かれました。また、平成３０年の建築基準法の改正により、空き家が放置されずに利活用される道が開かれました。

　しかし、これらの法律を空き家対策として有効に活用するためには、空き家になることを予防する、という社会の仕組み作りが必要だと考えています。

　本書の事例で示されていますように、周辺にお住いの方々からの情報等により対処を求められる空き家の多くは、老朽化が進みストックとして再活用するには困難な状況です。たまたま再活用に成功した事例をいくつか積み重ねたとしても、今後加速度を増して増加する空き家の対策としては心もとない限りです。空き家を利活用可能なストックとしてその情報を収集・整理し、その地域に適した用途の建築としての活用を実現するためには、官民交えて取り組める社会システムが求められます。

　空き家を利活用するためには、
- ・修繕や補修を施したうえで、再活用できる状態・条件の建物であること
- ・再活用に向けて協力や決断を求めることができる所有者等の、権利関係者の同意を得られること
- ・所有者等の権利関係者に、再活用に必要な資金などの新たな負担を極力求めないこと

少なくとも上記の３条件を満たす必要があります。本書で示されていますように、この３条件に適う空き家に出会える機会はなかなかありません。そこで、利活用に向けた有効な手立ては空き家になる前に情報を収集・整理することではないかという、「空き家対策」とは少々矛盾するような考えに至ります。空き家にならないように準備を進める、つまり「空き家を予防する」という考え方です。

　多くの空き家は突然空き家になるわけではありません。人が住んでいながら、使われている状態で徐々に空き家になる「準備」が進む、ということが少なからず見受けられます。高齢者が独居する一戸建の住宅を具体例として挙げてみます。ご高齢の方は自宅においても徐々に活動の範囲が狭まります。例えば足腰が弱まれば２階の空間を利用する機会が減ってきます。自分が生活するうえで十分な空間や設備が満たされていれば、それ以外の空間を使

用する目的が薄れ、徐々に使われない部分が生まれていきます。時には使われない部分がごみ置き場となります。古くからある住宅地を歩いていると、ごみ置き場になっていると思われる部屋を窓から垣間見ることがあります。使われない部屋、特にごみ置き場になっている部分は劣化の進行が速くなります。使われない2階の部屋は雨漏りが発生しても放置されることがあります。徐々に使われない部分が増え、劣化が進行する状況で所有者が不在となったこの住宅の不動産物件としての魅力は薄く、例えば相続された後、修繕し維持するために負担する費用の重さなどの理由で放置され、時に放棄され「空き家」になります。そこで空き家になる前に、所有者の行動範囲が狭まり徐々に空き家へ進行する状況を把握した段階で、所有者の了解や協力を得ながら利活用の準備を進めることができれば、空き家の抜本的な対策になりえます。

　独居の高齢者の方とお話すると、「この家は私で終わりだから」というような話をされることがあります。さほど親しくない私にはこれ以上話を進められないという経験を時折します。今後ますます増えるご高齢の方々の心を開いて建物の劣化の進行をできる限り抑える活動は、私共のような民間の一法人にはとても継続的に行うことはできません。そこで、今までの活動の中で継続的な空き家対策となる可能性を実感した構想として、地域包括ケアシステムを通しての「空き家の予防」策について、その概要にとどまりますがお話をさせていただきます。一度ある特別区と協働を試みましたが残念ながら断念したことがあり、いずれは自治体など行政の協力を得てシステムの構築を試みたいと考えています。

　高齢者の生活状況を把握するケアマネージャーは、担当するご高齢の方々と親しく接する機会を得ています。その関係の中で承諾を得られる範囲で建物の使用状況を行政の担当部署において情報として蓄積します。その情報を空き家利活用の関連部署と共有し、所有者の承諾を得られる場合に限り行政が認める民間法人に情報を開示し、利活用の計画を所有者の同意と協力のもと立案し、その実現に向け建物の改修や用途変更を進める。ここで重要なポイントは、所有者が居住しているときから進める計画や所有者が退去した後に始める計画など、そのスケジュールは所有者のライフプランに沿っているということです。

　利活用の目的は老人福祉施設や児童福祉施設など地域が求める社会福祉施設で、行政が設置目標と予算を設定している用途への転用です。デイケアセンター、ケアステーション、単身の要介護高齢者の住まいなど高齢者の施設や保育所など、地域で求められる用途への転用が基本ですが、住宅街のポケット公園や地域交流施設など地域の生活環境の向上に資する施設は様々です。行政が集める情報を活用するに値する施設の設置が地域に受け入れられ共感を得ることで、情報の流通が進み空き家を予防する地域社会の仕組み作りが望めます。ただしネックになるのは個人情報の共有と活用。「空家法」の制定で少し切り崩すことができた空き家問題の前に立つ壁です。しかし望まれれば高さを下げる方法は必ずあります。

　夢のような話ですが、空き家問題を解決するには夢が必要だと常々考えています。

第２章　空家法関係の事例集

大和田　主事

空き家対策事例集

事例NO.	01		
カテゴリー	電線に枝葉が絡まった空き家		
事案時期	平成25年8月～平成27年6月 （空家法がない時代から始まった事例）		
課題事項	①長年放置された空き家 ②敷地内の樹木が繁茂し電柱や電線に絡まって危険 ③何者かによる放火によりボヤ火災が発生 ④空き家の相続人同士が係争中で、その間は是正がなされない		
登記情報	土　地	地　積	104.64㎡
		地　目	宅地
	家　屋	種　類	登記不明により詳細不詳
		構　造	
		床面積	
事例概要	相談者は、この地域の複数の区議会議員である。以前から地域で問題となっていた空き家だが、最近、ボヤ騒ぎがあり、住民の危機意識が高まり、是正に向けた区議への要望があった。また、当該空き家の敷地にある樹木の枝葉が繁茂し、建物を覆うだけでなく、電柱や電線にも枝葉が絡みつきショートして火災が発生するのではという住民の不安の声が区に届くようになった。相続関係者を探索したところ、複数人いることが判明したが、当人たちはまさかこのような空き家という相続物件があるとは思っていなかったようで、当惑するばかりであった。その後、成年後見人を立てる必要のある相続人も含めて、この空き家の相続と処分についての調整が難しくなり、弁護士を各人立てて裁判で争うこととなった。このため、空き家の是正がなされず更に放置される事態となった。係争が終了して、相続人が定まらないと区としても是正指導する相手が決まらないということで動きが取れなくなってしまった。		

現場の位置図

当初は
当事者の皆さん方は
自分にこのような
空き家の相続財産が
あるとは知りません
でした。

井上 課長

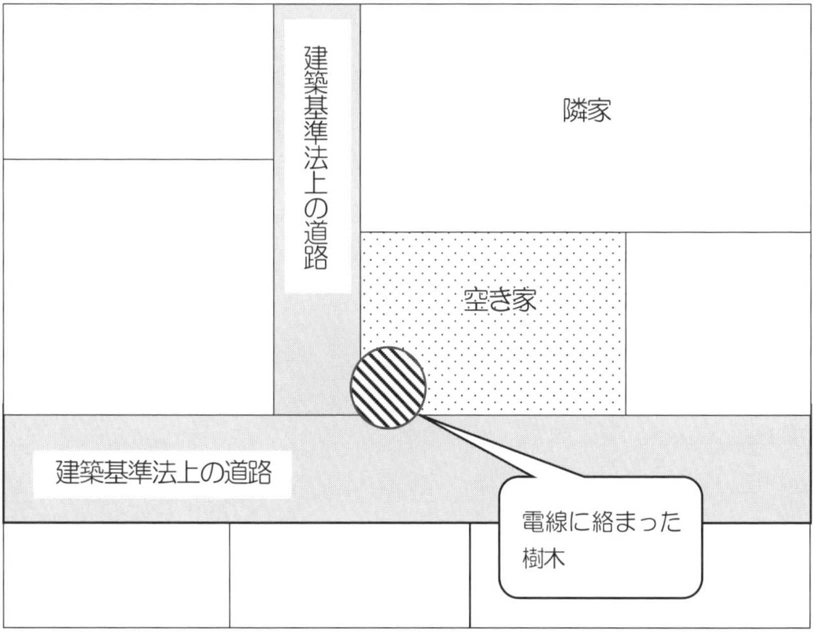

建築基準法上の道路

隣家

空き家

建築基準法上の道路

電線に絡まった
樹木

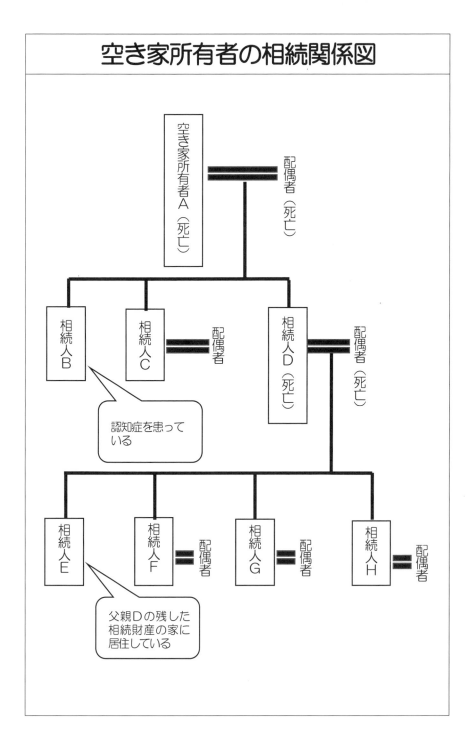

空き家所有者の相続関係図

【担当者による解説】

井上 課長

井上： 本件は、相続関係者が区から連絡を受けるまで、自分たちにまさかこんな状態の空き家が相続財産としてあるなんてと驚かれた事例ですね。

大和田： そうでしたね。相談が入ったのは、この地域を地盤とする区議会議員の先生方でした。町会長の役職も務められている先生もいらっしゃって、住民の不安の声を区に届けられたのが始まりです。

井上： 以前から空き家になっていたのですが、敷地内にある樹木が繁茂して、枝葉が道路脇の電柱の電線に絡みつき危険な状態になりました。

大和田： 困ったことに、この放置された空き家に放火と見られるボヤ騒ぎがあり、空き家のごく一部が焦げる事件が発生して、さらに住民の不安が高まりました。

井上： すぐさま法務局で登記簿の調査をして、登記簿に記載された所有者の氏名・住所を調べることができましたが、昔の住居表示のままでした。そこで、戸籍住民票の担当部署で現在の住所地がどこになるか割り出す必要がありました。ところが、その住所地で住民票を入手しようとしましたが、該当なしという回答でした。

大和田： 昔の住居表示時代のままの状態で登記簿も放置されていたわけですから、当然といえば当然の結果ですね。どっちみち、住民基本台帳法施行令でも、死亡又は転出して5年が経過したら住民票のデータは抹消されることにもなっていますからね。

大和田 主事

井上： 幸運にも、近隣住民に聞き込みをしたところ、何年か前まで高齢の相続人Bが暮らしていたという情報を手に入れることができました。

大和田： そこで、相続人Bについて介護保険サービス関係に問い合わせたところ、認知症を発症したために現在は介護施設に入居しているとの有益な情報を入手しました。そこから、相続人Bの住民票で本籍地を割り出すことに成功しました。

井上：　本籍地の役場に戸籍関係書類の公用申請を行い、１週間後に本事例に関係するすべ
　　　　ての人の戸籍や戸籍の附票などの書類が届きました。そして、そこに書かれた人物と
　　　　登記簿などの情報と突き合わせた結果、登記簿上の所有者Ａを特定することができま
　　　　した。

大和田：　ところが、所有者Ａは戸籍によると既に２５年も前に亡くなっていました。しか
　　　　し、同時に相続関係者が相続人Ｂ以外に相続人Ｅが近隣区に居住していることも分か
　　　　りました。本事例における相続人については106頁の相続関係図を参照して下さい。

井上：　早速、近隣区に居住する相続人Ｅに、この空き家について問い合わせるお手紙を送
　　　　付しました。

大和田：　すると、すぐに区役所に電話がかかってきて、こういった文書を受け取ったが意
　　　　味が全く分からないと言われました。

井上：　数年前に相続人Ｅの父親のＤが亡くなったので、相続人Ｅは当時把握していた相
　　　　続財産として現在居住している戸建住宅を相続していた。ところが、区からの手紙で
　　　　は、現在居住している住宅以外に相続財産として放置された空き家があるということ
　　　　を初めて知らされて本当に驚いているということでした。

大和田：　確かにご本人としては、相続財産が亡くなった父親から引き継いだ家だけだと思
　　　　っていたのに、現在居住している家以外にも財産があって、それが他区で空き家の状
　　　　態で近隣住民に大変迷惑をかけていると聞かされたらビックリしますよね。

井上：　それも、空家法の規定に基づいて適正に管理して下さいと役所から手紙がきたらな
　　　　おさらです。

大和田：　思い当たる空き家についてだったら、とうとう来たかとなるけど、今まで交流し
　　　　ていなかった親戚の財産についていわれたら困りますね。

井上：　相続人Ｅの方は、兄弟Ｆ・Ｇ・Ｈと伯母Ｃと相談するので、しばらく待って下さい
　　　　と言われました。

大和田：　しばらくして、続相人Ｅから連絡がきて、今回問題となった空き家は祖母（所有
　　　　者Ａ）が所有していたもので、祖母が亡くなった後はそこに伯母（相続人Ｂ）が相
　　　　続登記をせずに居住していたことが分かったそうです。

井上：　介護保険サービス関係から情報を得た人物は、空き家に居住していた相続人Ｂであったことが分かり、そのため、相続関係者が合計でＢ・Ｃ・Ｅ・Ｆ・Ｇ・Ｈの６人もいることが確定しました。

大和田：　ただ困ったことは、相続人Ｂが認知症を患って介護施設に入居しているので、財産を処分する場合は、**成年後見人**を付ける必要が生じたということでした。

井上：　その後、司法書士が相続人Ｂの後見人になったという知らせを受けたので、手際よく早い段階で決着が着くかなと期待していました。

大和田：　ところが、財産処分について、相続人の間で意見の調整が難しく、話がまとまらなくなりました。これでは、この調整が終了するまで、何ら是正されず放置された状態が続くことになります。

井上：　近隣住民の期待が落胆となり、今度はそれが怒りへと変わりました。地域の声を背負った区議会議員の方々が、頻繁に区へ何とかするようにと要望を出されるようになりましたが、民事上の相続財産の決着が裁判所で決まらない限り、区としてもどうしようもありませんでした。

大和田：　この空き家で一番困っている事柄は、敷地内にある樹木の枝葉が繁茂して、道路の電柱や電線に絡みついて火事になったらどうするのかという不安でしたが、もっと深刻なのは、樹木の根元に大きな亀裂が入り、いつ倒れるか分からないという危険が高まってしまったことでした。

井上：　区としても公道に面したことなので、道路法における**道路管理者**として道路課が、危険を排除するために必要な措置をとることになりますが、是正措置を命じるべき相手が分かっている場合は、その者に費用を捻出させて実行させることになります。

大和田：　しかし、措置を命じる相手が６人もいるのに、当事者は相続財産の配分について争っていて、樹木の伐採等の費用についても誰がどれだけ負担するのかでも揉めていました。

井上：　これでは、区としてはどうすることもできません。

大和田：　そこで、法廷の場でも、この危険な状態について１日でも早く議論して頂く方法はないかと考えることになりました。

井上：　この点、空き家を放置することは、空家法が成立してからは、第3条の規定で「周辺の生活環境に悪影響を及ぼさないよう、空家等の適正な管理」を所有者等の責務としているので、空き家を放置して周辺の生活環境に悪影響を及ぼしている当該空き家の相続人はこの規定には罰則はないけれども、法律違反をしていることになります。

大和田：　したがって、相続人に対して是正措置を早急に講じるよう第14条の規定に基づいて行政指導することは、法的にはなんら問題はありません。そこで悩んだ末に、相続人あてに是正に関する行政指導書を送って、法廷の場で樹木の伐採やその費用について議論されるような工夫をすればいいんじゃないかということになりました。

井上：　空家法第14条に基づく是正を求める行政指導書を相続人宛に作成して、樹木に大きな亀裂が生じ、今にも倒れそうな現状が分かる写真を添付して送付しました。

大和田：　後日、相続人と連絡が取れた際に裁判の進行状況を伺ったところ、やはり、法廷で行政指導書が区から届いたことが議論され、倒木の被害が出ないように、すぐさま相続財産から、先に樹木の伐採に関する費用を捻出することが決まったそうです。区の狙いは、まさしく大ヒット満塁ホームランとなったみたいです。

井上：　そのおかげで、区の道路課が紹介した造園土木業者の手によって、めでたく、倒れそうだった樹木が伐採されることになりました。ただし、費用の問題があったので、伐根はされずに、樹木の根っこは残ることになりました。

大和田：　その後しばらくは、相続財産の配分について相続人同士で調整が続いたそうです。しかし、懸案事項だった樹木が先に伐採され、それまで樹木の枝葉で建物が覆われて建物の形状が分からなかった部分の姿も現れました。まだ建物を覆うつた類が幾分残っていますが、周辺住民や相談に来られた区議会議員の方々は危険が回避できたとして、たいそう喜ばれていました。

井上：　空き家が放置される原因は、所有者等の管理する人がいなくなったことから始まりますが、所有者が亡くなった後、相続人を決め、相続財産を確定して、その処分の方法や換価された場合の配分等について調整ができなくなると悲劇です。

大和田：　その決着が着かない間は更に空き家は放置されてしまい、近隣住民は更なる被害を受けることになります。

井上：　空家法の成立によって、是正措置ができる法的な仕組みが整いましたが、それとは

別に相続争い等の民事上のトラブルが原因で、その是正措置が有効に発動できないときはどうすればいいでしょうか。

大和田：　また、親の相続財産以外の空き家が、ある日突然、行政から相続財産としてありますよと周知され、その対応を迫られた場合はどうすればいいでしょうか。維持管理をする場合も処分する場合も手元にある程度お金がないと対応ができませんね。対応を迫られた相続人のうち、認知症を患っている人がいたら、成年後見人を付けないといけません。一般に弁護士や司法書士に後見人をお願いすることになりますが、その場合の費用はどうしたらいいでしょうか。

井上：　本事例は、こういった疑問を提起するケーススタディーとなりました。

覚えておきたい知識のミニテスト06

問題01　下記の（　　　）に適語を入れよ。
　ある日、突然、遠縁の親戚の財産について管理又は処分の依頼が空家法に基づいて役所から来る場合がある。自分に相続財産があることを知った時から（　①　）以内にその財産を相続するか、若しくは（　②　）をするかの決断をしなければならない。
そして、（　②　）を選択したとしても、民法940条の規定により、その財産が（　③　）に引き継がれるまでは維持管理をする責任が生じる。しかし、（　④　）によって（　③　）の選任の申立てが裁判所で行われなければ、（　②　）をしたにもかかわらず、ずっと財産管理を続けなくてはならないという不条理が出てくる。

問題02　下記の（　　　）に適語を入れよ。
　民法940条の相続財産の維持管理責任から早く免れるために、自ら（　①　）となって（　②　）の選任の申立てを裁判所に行う場合がある。しかし、その場合は、裁判所に（　③　）を納めなくてはならない。また、（　②　）による財産の（　④　）が進まない事態となれば、（　③　）が枯渇することがある。このとき、裁判所から（　③　）の追納を命じられることがある。

ミニテストの解答は、34頁にあります。

関係法令の説明

関係法令	条文規定
空家法	（空家等の所有者等に関する情報の利用等） 第10条　市町村長は、固定資産税の課税その他の事務のために利用する目的で保有する情報であって氏名その他の空家等の所有者等に関するものについては、この法律の施行のために必要な限度において、その保有に当たって特定された利用の目的以外の目的のために内部で利用することができる。 2　都知事は、固定資産税の課税その他の事務で市町村が処理するものとされているもののうち特別区の存する区域においては都が処理するものとされているもののために利用する目的で都が保有する情報であって、特別区の区域内にある空家等の所有者等に関するものについて、当該特別区の区長から提供を求められたときは、この法律の施行のために必要な限度において、速やかに当該情報の提供を行うものとする。 3　前項に定めるもののほか、市町村長は、この法律の施行のために必要があるときは、関係する地方公共団体の長その他の者に対して、空家等の所有者等の把握に関し必要な情報の提供を求めることができる。
説　明	死亡又は転出により5年を経過した場合は、住民票のデータが抹消されるため、所有者等の追跡調査が不能となっていた。ところが、この規定ができたおかげで、税務情報から納税者の戸籍や戸籍の附票、住民票を入手することができて、相続人とコンタクトが取れるようになった。実際に著者が関わった案件でも22件が棚上げ状態となっていたが、この規定ができたおかげで、税務調査をしたところ、15件の所有者の相続人等とコンタクトがとれて、空き家を除却させる等の成果を出すことができた。解決率は（15÷22＝0.68）で68％となった。 また、3項の規定により、空き家所有者等が老人ホーム等の施設に入所しているかを確認するために、介護関係の部署や介護事業者に問い合わせができるようになった。近隣住民の聞き込みによって所有者と契約していた介護事業者を突き止め、問い合わせたところ、入所施設の場所を特定できて、事案の解決をみた。

≪用語説明≫

成年後見人

　1999 年の民法改正で廃止された禁治産制度に代わって、翌 2000 年 4 月 1 日に施行された民法に基づく制度。この制度には、民法に基づく法定後見と「任意後見契約に関する法律」に基づく任意後見とがある。この制度は、2000 年から高齢福祉の民営化として始まった介護保険制度の導入に伴って設けられた。介護保険では、サービスを受ける高齢者が、民間の介護サービス事業者と契約を取り交わす必要があるが、認知症高齢者等はこの契約行為等が困難となる。そこで、本人に代わって法律行為を行うための制度として設けられた。後見人は裁判所の決定により選任されるが、弁護士や司法書士がそれに当たることが多い。

道路管理者

　道路法によって道路の管理者として規定された者のこと。道路法の適用を受ける道路は公道という位置付けとなるが、それには、①高速自動車国道、②一般国道、③都道府県道、④市町村道がある。そして、大まかな管理の話となるが、①と②は国が、③は都道府県が、④は市町村が管理者となる。道路管理者は、道路の新設、改修、交通安全施設等の管理を行う。

井上　課長

空き家対策事例集

事例NO.	02		
カテゴリー	空き家所有者の行方が分らなくなった空き家		
事案時期	平成22年9月～平成27年7月 （空家法がない時代から始まった事例）		
課題事項	①無接道敷地 ②長年放置された空き家 ③空き家の老朽化が著しく、隣家に傾き寄りかかった状態にある ④空き家の所有者が転居を繰り返して行方が分らなくなった		
登記情報	土　地	地　積	82.71㎡
		地　目	宅地
	家　屋	種　類	居宅
		構　造	木造亜鉛メッキ鋼板葺2階建
		床面積	1階　18.84㎡、2階　16.02㎡
事例概要	相談者は2人いた。1番目は、空き家に隣接する建物を管理する不動産会社である。長年、空き家が放置され生活環境の悪化に苦しめられてきたとのこと。区はすぐさま調査に乗り出し、所有者の特定に成功し交渉するが、当該敷地が無接道敷地にあるため、再建築等が不可となっており、それを打開する目的で、所有者の代理人が現れた。しかし、土地の売却等の折り合いが不調となり、更に放置が続くことになった。2番目の相談者は、競売により1番目の相談者が管理する建物を購入し入居した人だった。空き家が老朽化により傾きだし、相談者宅に寄りかかる状況となってしまった。そこで、空家法が全面施行されたことを機に正式に空家法に基づく是正措置を講じるよう要請された。しかし、戸籍・住民票の資料では現住所地が追えない状況となり、空き家所有者の行方が分らなくなった。空き家の傾きにより、相談者宅への実害が生じている場合は、警察に被害届を出して、警察に所有者の行方を捜索して頂くことも有効と考えた事案である。		

現場の位置図

空き家
所有者の方には
色々と事情が
おありのようで
所在地が不明となり
除却に向けた
交渉ができなく
なりました。

中島　主事

	隣家	建築基準法上の道路
	法外道路（私有地）	
	空き家 （無接道敷地）　相談者宅	

【担当者による解説】

石井 主事

石井： 本件は、空家法が成立する以前の平成22年9月からの相談物件でした。当初の相談者は、空き家の隣接建物を管理する不動産会社でした。

中島： 区は現地を訪問して、空き家の写真を撮影し、状況を調べました。当該空き家は裸木造の古い家屋で、長い間、修繕などの適正な維持管理が施されずに放置され続けられた無人の廃屋であると判断しました。

石井： 法務局で当該空き家の登記を調べ、登記簿に記載された所有者の氏名・住所が分かったので、そこの市町村に所有者の住民票を公用申請しました。

中島： 数日後、住民票が送られてきました。登記簿の住所と住民票の住所とが一致しているのが確認できたので、区外にある所有者宅に是正を求める文書を発送しました。

中島： ところが、発送した文書が宛先不明で戻ってきてしまいました。

石井： そこで前に取り寄せた住民票に記載されている本籍地へ戸籍と戸籍の附票の公用申請を行いました。

中島： 本籍地から届けられた戸籍の附票を読むと現住所が何らかの事情で他県に変わっていたことが分かりました。

石井： そこで、新たに判明した他県の住所地に再度是正文書を発送しました。

中島： しばらくすると、所有者の代理人と称する男性から区に電話が入り、所有者本人の印鑑証明付きの委任状を持って来庁するとのことでした。

石井： 来庁された方は不動産業界の方らしく、しかもグラサンにスキンヘッドに白いスーツのいかにもその道に通じるような威圧

中島 主事

感が半端ない雰囲気の方でした。

中島： 区が発送した文書の真意が理解できたので、今後は代理人が年内を目途に対応を図り、代理人が直接所有者へ連絡をとるとのことでした。

石井： しかし、代理人が来庁した一番の目的は、空き家のある敷地がいわゆる無接道敷地にあるため、再建築ができないことから、どうすれば、空き家の敷地の有効活用を図れるかの手立てを区から聞き出すことだったみたいです。

中島： 区から聞き出した方法をとれば、その後のトラブルは回避できると判断したためでしょう。そのためのグラサンにスキンヘッドだったようです。

石井： 区も相手の狙いは十分理解していましたがこの問題が解決できるのなら、あえてその誘いに乗ってみようということになり、オフレコでの話として再建築をはかる場合は、隣接者に当該地を購入して貰い、双方の土地を合筆するのが最適とお話しました。

中島： しかし、隣接建物の所有者やそれを管理する不動産会社との売買交渉がうまくいかなかったみたいで、その後結局、代理人からも区へは一切連絡が入らなくなりました。

石井： 時が流れて、その後5年の月日が経ちました。

中島： 平成27年に再び当該空き家の隣家から相談が入りました。しかし、5年前の相談者とは別の人になっていました。

石井： というのは、今度の相談者は、その隣家住宅が競売物件として出されていたのを購入した方だったらしいのです。

中島： 新しい相談者の話では、競売で購入して入居したばかりなのに、当該空き家が老朽化で傾きだして、とうとう自宅に寄りかかってしまったというのです

石井： 相談者は、平成27年5月26日に全面施行となった空家法のことを十分に知っていて、正式に空家法による解決をお願いしたいとの意向でした。

中島： 区も所有者が是正に応じない場合は、当該空き家を特定空家等に認定して、所有者に対して是正勧告後、都税事務所に連絡し固定資産税の住宅用地の軽減措置特例の解除をお願いしようと心に決めました。

石井：　登記簿を調べたところ、空き家の所有者に変更はありませんでした。本籍地の戸籍の附票でも現住所は同じでした。

中島：　区は都税事務所を訪問し、当該空き家が特定空家等として認定して是正措置を行う予定であるとお知らせして、空家法第 10 条に基づく固定資産税の納税者に関する税務調査も行いました。

石井：　一方で、相談者は独自に早期解決を図ろうと弁護士と相談していて、裁判所に要請して空き家の除却について強制執行を試みたそうですが、そのために必要とされる一連の費用が 300 万円かかると分かったらしく、やむを得ず断念したそうです。

中島：　空き家の除却は、基本的に所有者自身の資力によって行って頂く必要があるので、所有者がどんな暮らしぶりなのかを把握することも重要であるとの判断から、直接、所有者宅を訪問して、是正文書を手渡しながらその辺のことも確認することになりました。

石井：　電車を乗り継いで片道 2 時間半かかりましたが、ようやく所有者の現住所に辿り着きました。

中島：　しかし、所有者が入居していたアパートの部屋の中は何もなく、玄関付近には粗大ゴミとなった冷蔵庫などの家電製品が放置されていました。

石井：　付近のクリーニング店や複数の近隣住民に聞き込みをしたところ、先月、トラックで夜中に荷物を運び出して引っ越しをされたとのことでした。行き先などは何も聞いていないとのことでした。

中島：　帰庁の電車のなかで、正直、この空き家の問題は解決できないかもという不安が確信に変わりました。

石井：　住民票と異なる場所に実際には住んでいて、更に、そこからも転居して行方知れずとなっては、当然、そのような生活を送らなければならない深い事情があることを物語っているし、そういった場合、経済的にも窮地にあると想像ができるので、空き家の除却費用なんてとても賄うことはできないから、この件はある意味「無理ゲー」確定となりました。

中島：　また、現場は幅が 1 ｍ程の路地状敷地の奥にある無接道敷地なので、もし解体作業

を行うとしても、重機は使えないので、すべて人の手による手壊し作業となります。

石井：　木造２階建ての裸木造の古い空き家を、それも基礎部分に近いところの柱が腐って砕け、そのために傾きだして、相談者宅に寄りかかった状態を相談者宅に悪影響を与えないように慎重に解体の作業を行うには、結構難易度が高いものになりますから。

中島：　区が、空家法に基づいて除却命令を出したところで、その命令を受けて除却を実施するのは空き家所有者であり、その費用は、当然、所有者もちです。

石井：　でも、所有者の経済状況をみると、除却費用を賄える状況にないことは、今回の自宅訪問で一目瞭然となりましたから、命令を出しても実効性がないことが判りました。

中島：　命令が実行されない場合は、行政代執行となりますが、その費用の回収は行政代執行法で義務付けられています。

石井：　現時点の空き家所有者の経済的な状況から、その費用の回収は絶対無理です。

中島：　今度は、行政は費用回収の見込みがないことを判っていて、区民の税金を投入して代執行を行い、除却するのかという問題になります。

石井：　バス通りや商店街、通学路等の人通りの多い場所にある空き家が倒壊して通行人等に死傷者が出ることが予想される場合は、税金を投入して代執行を行っても、たとえそれが費用の回収の見込みが立たないことであると判っていたとしても区民からの理解は得られるでしょう。

中島：　しかし、今回の場合は、住宅街の囲繞地の奥にある無接道敷地内の空き家です。そして、その空き家はもともと建築基準法の観点から考えると違反建築物に該当するものです。

石井：　人通りの少ない、それもそこに住んでいる特定の人が通る場所のためだけに回収の見込みが全く立たない事案に、それも建築基準法の違反物件に対して多額の税金（相談者がはじき出した 300 万円に上る金額）を投入してもいいのかということになります。

中島：　行政の答えは、ノーです。参考になる話を紹介すると、平成 26 年 11 月 25 日（火）午後 6 時から始まった東京弁護士会主催の空家法に関するシンポジウム（霞ヶ

関の弁護士会館、2階講堂クレオBC）では、大変多くの東京の自治体職員が参加しました。その会合名は「空き家対策法」〜その可能性、課題と対応〜です。

石井：　この会合には、東京弁護士会の会長、国交省の課長、大田区の部長、東大大学院の教授等が登壇して発言されました。この会合は、簡単に言うと空家法が施行される前の説明会っていう感じのものでした。

中島：　参加した職員のメモ等の資料によると、空家法が出来た一番の理由が、公共性の高い場所（例えば、通学路・バス通り・商店街等で人通りが多い所）で、空き家が倒壊して、甚大な被害が発生することが明々白々な場合についての緊急措置がとれるようにするためだそうです。ですから、本件事例のように公共性の低い場所の場合には、行政による代執行は難しいことになります。

石井：　帰庁して課長に所有者宅での実情を報告したところ、これまでの経緯を相談者に説明して、場合によっては、空き家が傾き、相談者宅に何らかの被害が出ている状況下であれば、刑法上の被害届を警察に出した方がいいと相談者に助言しようということになりました。

中島：　区としては、これ以上の所有者の行方について探索することができないことから、相談者が警察に被害届を出して、所有者を捜索して貰うことが最良の手だと考えました。

石井：　区も警察署に訪問して事情をお話したところ、相談者の家が損壊する等の実害が発生した場合は、被害届を出して貰えれば、捜査に乗り出すというお話を伺うことができました。

中島：　また、本事例でもう一つ重要なことは、当該空き家に抵当権が付いていることです。抵当権者はこの空き家を債権回収の担保としているので、抵当権者の同意なしに解体はできません。詳細は姉妹本の225頁をお読み下さい。

石井：　本事例は未解決事案です。最近の相次ぐ地震でかなり危険な状態になってきていますが、今も当該空き家は相談者宅に寄りかかった状態のままです。空き家対策は所有者が区や被害者たる相談者の目の前に現れて、率先して解決に取りくもうと努力しなければ、何も進まないということを改めて思い知らされた事例でした。

関係法令の説明

関係法令	条文規定
空家法	（特定空家等に対する措置） 第14条第9項　市町村長は、第三項の規定により必要な措置を命じた場合において、その措置を命ぜられた者がその措置を履行しないとき、履行しても十分でないとき又は履行しても同項の期限までに完了する見込みがないときは、行政代執行法（昭和23年法律第43号）の定めるところに従い、自ら義務者のなすべき行為をし、又は第三者をしてこれをさせることができる。
説　明	空家法第14条第9項には、同条第3項で規定するに命令に所有者等が応じない場合は、行政代執行法で定める代執行ができると規定しています。一般に、この代執行を行う際には、次の2点について要件を備える必要があるとされています。①他の手段によってその履行を確保することが困難（補充性の要件）、②その不履行を放置することが著しく公益に反すると認められるとき（公益性の要件）。 しかし、空家法に基づく代執行では、行政代執行法における上記要件2点の検証作業は省略されていて、行政が直接自ら又は業者（第三者）に委託して行うことができるとされています。代執行を実際に行う手続については、次のページのような条文が定められています。ただし、これに係った費用は、行政代執行法第5条の規定文の通り、徴収（回収）する必要があるとされています。そして、その徴収方法は、①第6条の規定により、国税滞納処分の例により、徴収する、②費用（債権）回収の位置付けは、国税及び地方税に次ぐ順位の先取特権とする、③第5条の規定により、所有者等に対して、実際に要した費用の額及びその納期日を定め、文書をもってその納付を命じることとなっています。ここで、所有者等が支払いに応じない場合の具体的な手続をみてみると、督促手続や財産調査、差押え、不動産鑑定評価、公売等の事務を行っていく必要があります。

関係法令の説明

関係法令	条文規定
行政代執行法	第3条　前条の規定による処分（代執行）をなすには、相当の履行期限を定め、その期限までに履行がなされないときは、代執行をなすべき旨を、予め文書で戒告しなければならない。 2　義務者が、前項の戒告を受けて、指定の期限までにその義務を履行しないときは、当該行政庁は、代執行令書をもつて、代執行をなすべき時期、代執行のために派遣する執行責任者の氏名及び代執行に要する費用の概算による見積額を義務者に通知する。 3　非常の場合又は危険切迫の場合において、当該行為の急速な実施について緊急の必要があり、前二項に規定する手続をとる暇がないときは、その手続を経ないで代執行をすることができる。 第4条　代執行のために現場に派遣される執行責任者は、その者が執行責任者たる本人であることを示すべき証票を携帯し、要求があるときは、何時でもこれを呈示しなければならない。 第5条　代執行に要した費用の徴収については、実際に要した費用の額及びその納期日を定め、義務者に対し、文書をもつてその納付を命じなければならない。 第6条　代執行に要した費用は、国税滞納処分の例により、これを徴収することができる。 2　代執行に要した費用については、行政庁は、国税及び地方税に次ぐ順位の先取特権を有する。 3　代執行に要した費用を徴収したときは、その徴収金は、事務費の所属に従い、国庫又は地方公共団体の経済の収入となる。

関係法令の説明

関係法令	条文規定
空家法	（特定空家等に対する措置） 第14条　市町村長は、特定空家等の所有者等に対し、当該特定空家等に関し、除却、修繕、立木竹の伐採その他周辺の生活環境の保全を図るために必要な措置（そのまま放置すれば倒壊等著しく保安上危険となるおそれのある状態又は著しく衛生上有害となるおそれのある状態にない特定空家等については、建築物の除却を除く。次項において同じ。）をとるよう助言又は指導をすることができる。 ≪中略≫ 10　第三項の規定により必要な措置を命じようとする場合において、<u>過失がなくてその措置を命じられるべき者を確知することができないとき</u>（過失がなくて第一項の助言若しくは指導又は第二項の勧告が行われるべき者を確知することができないため第三項に定める手続により命令を行うことができないときを含む。）は、<u>市町村長は、その者の負担において、その措置を自ら行い、又はその命じた者若しくは委任した者に行わせることができる。</u>
説　明	第14条に基づき行政は是正に向けた措置を講じることになるが、勧告や命令に従わないときは、行政代執行法に基づく代執行を行うことができる（中略部分の規定）。そして、この代執行は、是正対象者が確知している場合に発動されることになる。ところが、是正の相手方が不明で、その居所も分からないようなとき（過失がなくてその措置を命ぜられるべき者を確知することができないとき）には、代執行ではなく、本規定のような略式代執行で対応することになる。略式代執行の場合の費用回収は、代執行のときのような国税滞納処分の例によることができない。請求すべき相手方が分からないことから、民法25条による不在者財産管理人制度や民法952条による相続財産管理人制度で行うことになる。また、相続人等が出現して費用回収の請求先が分かった場合は、直接請求や民事訴訟による支払い請求となる。

事例概要

事例NO.	03		
カテゴリー	敷地内の草木の繁茂が長年放置された空き家		
事案時期	平成27年5月〜平成27年12月 （空家法が成立した後の事例）		
課題事項	①長年放置された空き家 ②敷地内の草木が繁茂して、蚊が発生して近隣に被害 ③公立小学校の正門付近にあり生活環境の保全に悪影響		
登記情報	土 地	地 積	146.50㎡
		地 目	宅地
	家 屋	種 類	登記不明のため不詳
		構 造	
		床面積	
事例概要	相談者は、近隣住民である。区に電話が入って、非常に困惑した内容の話であった。小学校の正門近くにあるという事実と敷地内の草木についての管理がなされず、約20年間も放置されているとのことで、近隣住民としては、夏になると蚊等の害虫が大量に発生し迷惑を被っているという。そろそろ害虫駆除の予防措置をとる季節に入るので、今年こそは、空家法ができたこともあり、行政が積極的に動いて空き家の所有者に改善を求める動きを見せて、住民が安心できる環境を整えて欲しいという強い要望が入った事例だった。		

現場の位置図

小学校に隣接する場所の空き家がこんもりとした森の状態になって環境衛生上非常に問題がありました

宮城 主任

建築基準法上の道路

建築基準法上の道路

空き家

【担当者による解説】

宮城 主任

宮城： 本件は、空き家が敷地内の草木に覆い尽くされ、建物の形状が全くといって良いほど判別ができない状況にあった事例でした。

伊藤： 近隣住民の方からの匿名による電話相談でしたね。

宮城： 空き家がある場所が小学校の目の前ということも非常に問題がありました。

伊藤： 住民の方も空き家の問題は民事的な事項に当たるという認識を持たれていて、当事者間で問題を解決しなければならないと思っていらっしゃったようです。

宮城： しかし相談のあった平成27年5月27日は、ちょうど空家法が全面施行となった5月26日の翌日で、相談者の方がいかに空家法に関心を持たれ、この日を待ち望んでいたかが判りますね。

伊藤： 住民同士の話し合いではどうしようもない、解決できないという苦渋に満ちたご相談の内容でした。

宮城： ご相談があったのが5月の終わり頃だったので、いよいよ害虫駆除の予防措置をとる必要がある時期に迫っており、今年こそは早目に空き家の敷地に繁茂した草木を除去して蚊などの発生を食い止めたいというお気持ちが伝わってきました。

伊藤： 現地に急行して空き家を見たら、唖然としました。

宮城： なんか映画のロケを見ているような気がしましたね。本当にこんなのが存在するんだと思いました。

伊藤： 電話で聞いていたときの印象と実際に現場を見たときとでは、あまりにもギャップがひどくて驚きました。

伊藤 主任

宮城： それから、すぐさま法務局で登記簿の調査をして、登記簿に記載された所有者の氏名・住所を調べることができました。ただ、土地の登記簿はあったのですが、建物登記は見つかりませんでした。探し方が悪かったのかも知れません。現地の土地の地番に対応する建物登記とは異なる場合があります。

伊藤： 土地は分筆や合筆を繰り返して番号が変わりますが、建物の番号は建てられた当時に付けられた番号のままなので、土地と建物では番号が一致しない場合があります。

宮城： 土地の登記簿によると、相続で土地を入手したのが平成7年でしたので20年も前だから、所有者の方は年齢的に既に死亡しているかもと心配しました。

伊藤： 死亡していた場合は本籍地を記載した住民票を入手できなくなるので、戸籍の入手も難しくなります。

宮城： 通常は本籍地記載の住民票が入手できない時点で、空き家所有者の探索が不可能となるので、棚上げとなります。指導できる相手が見つからなければどうしようもありませんから。

伊藤： ところが、今回は違いました。すでに空家法が全面施行された後でしたので、空家法第10条の規定によって都税事務所に行って固定資産税の納税者調査ができるようになりました。

宮城： 都税事務所からの回答では、登記簿上の所有者と固定資産税の納税者が同じであることが分かりました。

伊藤： これはラッキーでしたね。空き家の所有者が現存していることが確定したからです。

宮城： 早速、配達証明で空家法に基づく是正を促す文書を現況の写真を添付して発送しました。

伊藤： なぜ、配達証明かというと、確実に相手が受け取ったかがこちらで確認できるからです。後日郵便局からハガキで確かに相手方に文書をお渡ししましたよと返事が来ます。区では発送した文書のコピーをとっていますからそれにハガキをホッチキスで止めて記録として保管しています。

宮城： ところが、ぜんぜん所有者から返事が来ませんでした。

伊藤： 相談者からは、その後どうなりましたかと電話が入って、困ってしまいました。「空家法ができて、行政がすぐ是正措置を講じられるようになったということでとても期待していたのに、とうとうまた夏になって、今年も蚊が発生してえらい迷惑を被っているんだけれど」と怒られてしまいました。

宮城： そこで、国交省のガイドラインに照らして、空き家が「著しく保安上危険となるおそれのある状態」又は「その他周辺の生活環境の保全を図るために放置することが不適切である状態」にある「特定空家等」に認定され、第14条の規定に基づく除却等の是正措置の対象となった場合、土地の固定資産税の税額が変更される等の措置も実施されますと文章に書いて送りました。

伊藤： これはどういうことかというと、空家法が制定されたことによって地方税法もリンクして改正されたことによります。

宮城： 空家法第14条第2項の規定により、行政から所有者等に対し勧告がされた同法第2条第2項に規定する特定空家等の敷地に供されている土地については、固定資産税の「住宅用地の軽減措置特例」の対象から除外され、税額が増額変更される措置が行われることになりました。

伊藤： 都税事務所から頂いたその旨を周知するチラシも同封して所有者に送りました。

宮城： すると、すぐに所有者から電話が役所に入りました。どうして税金がアップするのかという問い合わせでしたので、空家法が成立したことによって、空き家に対しての行政の取り組み方が以前と比べて大きく変わったこと、空き家対策の実効性を高める目的で地方税法も改正されたことなどを説明し、税金の詳細は都税事務所に問い合わせるようにお話ししました。

伊藤： すると、しばらくして再度電話が入り、業者に頼んで敷地内の除草に取り組むので、税額変更については待って欲しいと要望が入りました。ちょうど時期が12月になろうかという頃でしたので、行政が勧告文を出してそのコピーを都税事務所に届けたら、税額変更の措置が行われる予定でした。（詳細は後の頁の都税事務所のチラシを参照）

宮城： 毎年1月1日が税金の賦課期日ですから、所有者も慌てたのでしょう。

伊藤： 作業が完了したので、現地で確認して欲しいと連絡があったので、早速伺いました。

宮城： 　一目見てビックリ仰天でした。なんとこんもりした森みたいなところが、しっかり
　　　　とした一軒家としてのたたずまいを見せていたからです。

伊藤： 　現地での改善した様子をご覧になった相談者からも電話が入り、よくやってくれた
　　　　と喜んで頂けました。担当者としても大変嬉しいエピソードとして記憶に残りました。

宮城　主任

23区内に土地・家屋をお持ちの方へ固定資産税等のお知らせ

「特定空家等」に該当すると土地の税額が高くなる可能性があります！

制度概要

平成27年5月26日に「空家等対策の推進に関する特別措置法」が施行されました。同法に基づき区から勧告を受け、賦課期日（1月1日）までに勧告に対する必要な措置が講じられない「特定空家等」の敷地については、固定資産税等の住宅用地に係る課税標準の特例（以下「住宅用地の特例」という。）の適用対象から除外されます。

★「特定空家等」とは、どのようなものか。

空家等対策の推進に関する特別措置法第2条第2項において「空家等」のうち以下の状態にあると認められるものをいいます。
① そのまま放置すれば倒壊等著しく保安上危険となるおそれのある状態
② そのまま放置すれば著しく衛生上有害となるおそれのある状態
③ 適切な管理が行われていないことにより著しく景観を損なっている状態
④ その他周辺の生活環境の保全を図るために放置することが不適切である状態

～空家等対策の推進に関する特別措置法のお問合せ先～

★特定空家等の勧告や必要な措置等については・・・
→ご所有の土地・家屋が所在する区役所へ
★住宅用地の特例や固定資産税等については・・・
→ご所有の土地・家屋が所在する都税事務所へ

それぞれお問い合わせください。

🏛 東京都主税局　http://www.tax.metro.tokyo.jp/　裏面もご覧ください

特定空家等の措置の流れ

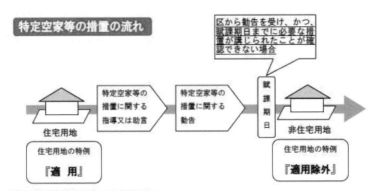

住宅用地の課税標準の特例

区　　　　　分		固定資産税	都市計画税
小規模住宅用地	住宅用地のうち住宅1戸につき200m²までの部分	価格×1／6	価格×1／3
一般住宅用地	所在する家屋の床面積の10倍以内かつ、小規模住宅用地以外の部分	価格×1／3	価格×2／3

Q & A

① 特定空家等を取り壊した場合、土地の税額はどうなるのか？

特定空家等を取り壊し、賦課期日現在、住宅の用に供されていない土地は、非住宅用地となります。したがって、住宅用地の特例が適用されず、税額が上昇します。ただし、住宅であった特定空家等を建て替える場合、一定の要件を満たすことで、住宅用地の特例を継続することがあります。
なお、取り壊した旨の区役所への報告もお願いします。

② 区の勧告に対し、必要な措置を講じた場合はどうすればいいのか？

区にその旨を報告してください。区が必要な措置が講じられたことを確認し、勧告又は命令を撤回した場合、都税事務所では、特定空家等でなくなったと認められる日以降の賦課期日をもって、改めて住宅用地の特例の適用可否を判断します（特定空家等を取り壊した場合は、上記①をご覧ください。）。

東京都主税局 http://www.tax.metro.tokyo.jp/ 平成28年11月作成

関係法令の説明

関係法令	条文規定
地方税法等の一部を改正する法律 平成27年法律第2号 （平成27年改正）	（住宅用地に対する固定資産税の課税標準の特例） 第349条の3の2　専ら人の居住の用に供する家屋又はその一部を人の居住の用に供する家屋で政令で定めるものの敷地の用に供されている土地で政令で定めるもの（前条（第12項を除く。）の規定の適用を受けるもの及び空家等対策の推進に関する特別措置法（平成26年法律第127号）第14条第2項の規定により所有者等（同法第3条に規定する所有者等をいう。）に対し勧告がされた同法第2条第2項に規定する特定空家等の敷地の用に供されている土地を除く。
説　明	28頁の第1章の事例No.02では、建物を除却して更地にすると、固定資産税の「住宅用地の軽減措置特例」が除外されて、本来の税額に戻るという話でした。 これは、上記の条文の波線＿＿＿＿＿＿＿部分に該当します。 次に124頁以降の本事例では、空家法の成立によって、行政から地域の生活環境の保全に悪影響を及ぼす特定空家等と認定され、是正の勧告処分を受けた場合もペナルティーとして同様に「住宅用地の軽減措置特例」から除外されて、本来の税額に戻るというものです。 これは、上記の条文では下線＿＿＿＿＿部分に該当します。

関係法令の説明

関係法令	条文規定
地方税法等の一部を改正する法律 平成27年 法律第2号 （平成27年改正）	（住宅用地に対する固定資産税の課税標準の特例） 第349条の3の2 2　住宅用地のうち、次の各号に掲げる区分に応じ、当該各号に定める住宅用地に該当するもの（以下この項において「小規模住宅用地」という。）に対して課する固定資産税の課税標準は、第三百四十九条、前条第十二項及び前項の規定にかかわらず、当該小規模住宅用地に係る固定資産税の課税標準となるべき価格の<u>六分の一の額とする</u>。 1　<u>住宅用地でその面積が二百平方メートル以下であるもの</u>　当該住宅用地
説　明	住宅用地で200㎡以下の場合は、土地の有効活用として建物を建てると、固定資産税額は、住宅用地の軽減措置特例として、6分の1となる。つまり、下手に空き家を除却して更地にしてしまうと、現在よりも6倍の増額となる。 しかし、その一方で、空家法が成立したことによって、行政から特定空家等（迷惑空き家）と認定され、是正勧告が行われた場合は、特例が解除されてしまう。したがって、税額を上げないためには、常に建物の適正な維持管理に務める必要があるということになる。

空き家対策事例集

事例NO.	04		
カテゴリー	朽廃規定に基づき借地契約を終了させられた空き家		
事案時期	平成26年6月～平成28年6月 （空家法が成立した後の事例）		
課題事項	①通学路に指定された私道沿いにある空き家 ②空き家だと思っていたが実際は高齢者が住む居住物件だった ③空き家は借地上にあり地主も空き家所有者も既に死亡していた ④地主及び空き家所有者の相続人との間で建物の除却費用をめぐって裁判となった		
登記情報	土　地	地　積	95.53㎡
		地　目	宅地
	家　屋	種　類	工場
		構　造	木造瓦板葺平屋建
		床面積	42.32㎡
事例概要	相談者は、近隣住民である。通学路に指定されている私道沿いにある空き家の老朽化が著しく、建物の至るところに破損が見られ、いつ屋根や壁等の建築資材が剥離落下するかわからない危険な状態にあった。そこで、空き家所有者に修繕等の対応を指導して欲しいという要望が区に入った。しかし、現地調査したところ、実際は空き家ではなく、そこには数人の高齢者が住む居住物件であった。また建物の土地が借地であることが判明したが、既に地主と建物所有者の双方が死亡していた。それに伴い地代も未払い状態となっていた。建物の居住者は、建物所有者の生前中に仕事を手伝っていた従業員であり、建物所有者の死後約30年間にわたり当該建物に住み続けていたことも判った。しかし、居住者の高齢化に伴って建物の適正な維持管理ができない状況下となり、建物から退去することになった。そこで正式に空き家となったことから、区は地主と建物の相続人に対して空き家の除却について是正指導をした。すると空き家の除却費用を巡って地主と建物所有者の双方の相続人同士で裁判となってしまった。		

現場の位置図

幅員４ｍ以上の
私道沿いにある
空き家が老朽化して
危険な状態となったと
聞いたので
調べたところ
複数の人が
住んでいる
居住物件でした。

林 主任

階段通路	空き家	

建築基準法上の道路（私道）

【担当者による解説】

林 主任

山田： 本件事案は、電話での近隣住民からの苦情により調査が始まったものです。

林： 通学路に指定されている私道に面した空き家の老朽化が著しく、建物の至る所で破損が見られました。特に道路側の壁面には複数の亀裂が生じていて、いつ剥離落下するか分からない状態になっているので、空き家所有者に対して修繕を促すよう指導をして欲しいという内容でした。

山田： 私道の幅員は4m以上ありましたが、空き家の屋根や壁等の建築資材が落下した場合、そこを通る小学校の児童らに危険が及ぶことは想像できました。

林： 早速、区は、一級建築士の資格を有する建築課職員に同行を求め、総勢4名で現地を訪れることにしました。倒壊の危険性が高いとなれば、しっかりと専門の知識を持つ職員に検証して貰った方が安心ですから。そして、空き家の建物の破損状況等を目視確認しながら、写真を撮ってひとつひとつ丁寧にデータを記録していきました。

山田： ところが、家の造り方がとても歪な感じがして、どうも長い時間をかけながら、素人さんがところどころ家の修理をして、建物本体についても継ぎ足し（増築）等を行ったような形跡が見られました。

林： はっきりいうと、違法増築です。

山田： さらに空き家の奥に足を運んで調べていると、中から人が出てきてびっくり仰天。

林： なんとこの建物には複数の高齢者が暮らしていたのでした。てっきり荒れ果てた空き家だと思ってしまったのですが、居住物件だと分かりました。

山田　係長

山田： 居住者に事情を説明すると、話の趣旨を理解され、これまでの居住に関する経緯をお話しされました。建物の所有者と現在の居住者との関係は小規模な食品を製造する工場を営む

店主と従業員だったらしいです。

林： 建物の所有者は、この建物で商売をされていて、自宅としても使用されていたけど、少しずつ、家を建て増していったようです。

山田： そして、建物の所有者が亡くなる際、よく仕事を頑張ってくれた従業員に行き場所がないなら、このままここに住んでいいからと言われて、それ以来30年間、建物所有者の生前から合わせると40年間もここに住んでいたというのです。

林： 居住者も体が元気なうちは日曜大工の感覚で、壊れたところを自分たちで修理をしてきたが、年をとってからは体が思うように動かず、修理ができず、荒れ果てたままの状況となってしまったということでした。

山田： 区としては、空き家ではないことが現地調査の結果判明したので、これ以上のことはできないとして引き上げることにしました。

林： ただし、居住者には、この建物が近隣からは空き家だと思われていて、私道に屋根や壁等の建築資材が落下して危険だとの苦情が入っているので、適正な維持管理をする必要があると伝えました。

山田： また、明らかに違法に増築された形跡が認められたので、建築基準法の観点からは違反建築物になることも説明しました。

林： 帰り際、この建物の所有者は亡くなったと聞いたが、建物の所有者の相続人とはこの建物の処分について相談をしているかと確認したところ、相続人とは建物の所有権の移転や建て直しについて現在のところ弁護士が中に入って調整中とのことでした。

山田： 現地調査の結果、空き家と思われていた建物は、実は居住物件であって、建物所有者は既に死亡していた。そしてそこには所有者の生前から居住を認められていた複数の従業員が現在も居住しており、引き続きそこでの居住権を主張するために建物の所有権の移転或いは当該地での建て直しについて弁護士に依頼して建物の相続人と調整中ということが確認できました。

林： そこで、とりあえず相談者には、当該建物は空き家ではなく、居住者がいたということと、維持管理についてはしっかりするように注意をしたとだけ報告をしました。

山田：　その後、登記簿を調査したところ、建物の所有者と土地の所有者が異なっていることが判明しました。つまり、借地上にあの建物が建てられていたことになります。そうすると、本件に関係する人が他にいるということになります。つまり、空き家のある敷地を貸していた土地の所有者です。

　林：　土地の所有者についても調査をしましたが、残念ながら既に亡くなっていました。そこで、ようやく本件の問題の原因が見えてきました。つまり、建物所有者側も、土地所有者側も、双方の当事者が死亡し、当該敷地における借地契約が双方の相続人にきちんと引き継がれていなかったということです。

山田：　でなければ、借地契約の当事者でない当該建物の居住者が建物所有者の死後30年間に渡って居住できる筈がありません。

　林：　本来、契約の当事者が死亡した場合は、双方の相続人が借地契約を継続するか或いは終了するかの話し合いがもたれる筈です。そして、借地契約が終了し、建物を除却して土地を返還するとなれば、当然に居住者は建物から退去しなければなりません。というか、この点のことは予めどうするかを借地契約の中で決められているような気もしますが。

山田：　それに、もし仮に居住者がその場所に引き続き居住したいと申し出る場合であれば、建物所有者の相続人に土地所有者の相続人と借地契約を継続して貰って、居住者が建物所有者の相続人と新たに借家契約を締結した上で、月々の家賃を支払うというのが筋です。

　林：　契約当事者の死亡に際して、第1に建物所有者側と土地所有者側との間における借地契約のあり方についての整理と、第2に建物所有者側と居住者側との間における借家についての整理とがなされずに裁判で争う事態になったということは、双方の相続人がともに本件の借地契約の存在を知らなかったという証拠を物語っています。相続の時は、遺族はよくよく亡くなった本人がどういった財産を保有していて、また生前に誰とどういう契約を交わしていたかをしっかり調査しておく必要があります。

山田：　また、本件の場合は、借地人（建物所有者）から相続人に該当しない従業員がその土地に長期間居住していたというケースとなりましたが、もし、これが借地人の相続人が当該敷地を借地とは知らず、借地人が所有する土地だと信じて、所有の意思をもって、平穏に、かつ、公然と、善意・無過失で10年間占有した場合には、その土地の所有権を取得時効の成立によって取得していたかも知れません。なぜなら、土

所有者側も時効の中断をすることなく、月々の地代を受け取らずに放置をしていたわけですから。

　林：　土地の所有権に関しては、売買等で新たに取得した場合は、登記手続きをしっかりしておかないと、第三者に所有権を対抗（主張）できませんが、相続の場合は、相続登記をしなくても良いとする法制度のために、相続人が登記簿を閲覧してどういう権利関係になっているか確認しないままで放置しているケースをよく見ます。こういったことが、今回のようなトラブルの原因になっているようにも思えます。

山田：　区は、土地所有者の相続人の居所を把握できたので、この状況をお知らせするとともに問題解決に向けての協力依頼の手紙を送付しました。するとしばらくして、今度は、土地所有者の相続人の弁護士から電話が入りました。

　林：　居住者が建物所有者の相続人との調整がうまくいかなくなったことから、居住者があの建物から退去したため空き家となった。ついては、正式に空家法に基づく是正指導を行って欲しいというものでした。

山田：　弁護士側の話では、当該空き家の借地契約においては、第1に、亡くなった空き家所有者が土地所有者に無断で違法増築工事を行った、第2に、空き家所有者が亡くなってから現在に至るまでその従業員たちがその建物に居住していたことになるが、それは土地所有者側にとっては無断転貸ということになる、第3に、今日までの月々の地代も支払われていないので、損害金の請求も含めて訴訟を起こすというものでした。

　林：　そこで、区からは、当該空き家に対して空家法に基づく是正指導を空き家所有者側にして欲しいということでした。行政から指導されたことになれば、法律上、当該空き家の法的な位置付けは、空家法第2条第2項で規定する特定空家等となり、それでもって旧借地法の朽廃規定を根拠に借地契約を終了させることができるというものでした。

山田：　これはどういうことかというと、土地所有者側の弁護士は、借地契約を強制的に終了させ、空き家を空き家の所有者側に除却させて、土地の返還を請求するために次のステップを考えたのです。

　林：　第1のステップとして、当該空き家を空家法第2条第2項で規定する除却等の措置が必要な特定空家等として区に行政指導を行わせる。

山田： 第2のステップとして、旧借地法第2条の但し書きの「朽廃規定」を当該空き家に適用させて借地契約を終了させるというものです。

林： 旧借地法は平成3年に現在の借地借家法が制定されたことで廃止となりましたが、借地借家法の附則第5条の規定により、旧借地法の第2条の但し書きが現在でも有効とされています。そのため、その但し書きの適用によって、空き家となった建物がその規定でいう朽廃した建物に該当した場合には、借地契約を終了させることができます。つまり、空家法における「特定空家等」として行政から認定された空き家は除却相当の老朽化した建物であるから、旧借地法における「朽廃」した建物にもなるわけです。

山田： これにより、借地契約を終了させた場合には、現地に残った空き家も空き家所有者側の手により除却をさせて、土地の明け渡しを請求することになります。

林： 区は民事事件への介入はするつもりはありませんが、当該建物が居住者の退去に伴って正式に空き家となった以上、空家法に基づく是正措置は必要と考えました。

山田： ただ、ここで心配になったのは、借地契約の解除はすぐできるとしても除却費用をどうするかでした。除却費用はかなり高額になると予想されることから、空き家所有者側がすんなり応じるとは思えませんでした。

林： この除却費用の問題が解決しなければ、裁判が長引き、もし、空き家が倒壊して通行人が怪我等をする事件や事故が発生したらどうしようという不安が出てきました。

山田： そこで、区は、現地調査した時に撮影した記録写真を添付して空家法に基づく是正指導書を土地所有者側と空き家所有者側の双方に対して発送しました。

林： 区が空き家所有者側だけでなく、土地の所有者側にも是正指導をするとはどういうことか疑問に思われるかもしれませんが、空家法に関する資料（平成27年5月26日付、国土交通省住宅局・総務省地域力創造グループが作成した「特定空家等に対する措置」に関する適切な実施を図るために必要な指針（ガイドライン）（案）に関するパブリックコメントの募集の結果について）では、「「特定空家等」は、建築物だけでなくその敷地を含むものとして定義されていることから、特定空家等の所有者等と記載した場合は、その敷地の所有者等を含むことは自明です。」とあり、行政としては土地所有者も是正を求める対象となります。

山田：　その後、裁判では土地所有者側の言い分が認められたようで、空き家の解体工事が
　　　　すぐに始まりました。

　林：　裁判の中身は、全くの民事事項であって、区が伺い知ることができるものではあり
　　　　ませんが、空家法に基づく是正指導書を発送したことで、裁判では、ある一定の効果
　　　　があったのかも知れません。

山田：　本事例は、土地の所有者側が、積極的に動いて、旧借地法に基づく朽廃規定を主張
　　　　して、借地契約を終了させ、空き家を除却させることを裁判で要求した結果、解決で
　　　　きたケースとなりました。

中島　主事

関係法令の説明

関係法令	条文規定
旧借地法 （大正10年4月8日 法律第49号/平成3年 10月4日廃止）	（借地権の存続期間） 第2条 借地権ノ存続期間ハ石造、土造、煉瓦造又ハ之ニ類スル堅固ノ建物ノ所有ヲ目的トスルモノニ付テハ六十年、其ノ他ノ建物ノ所有ヲ目的トスルモノニ付テハ三十年トス 但シ建物カ此ノ期間満了前朽廃シタルトキハ借地権ハ之ニ因リテ消滅ス 契約ヲ以テ堅固ノ建物ニ付三十年以上、其ノ他ノ建物ニ付二十年以上ノ存続期間ヲ定メタルトキハ借地権ハ前項ノ規定ニ拘ラス其ノ期間ノ満了ニ因リテ消滅ス
説 明	土地所有者側は、借地人としての空き家所有者に対して、旧借地法第2条但し書（上記の波線　　部分）の「朽廃規定」を用いて、借地契約を終了させ、建物の除却や土地の明け渡しなどを求める動きに出ることが可能です。 旧借地法は借地借家法（平成3年10月4日法律第90号）の成立に伴って廃止されましたが、その附則の第5条の（借地上の建物の朽廃に関する経過措置）「この法律の施行前に設定された借地権について、その借地権の目的である土地の上の建物の朽廃による消滅に関しては、なお従前の例による。」の規定によって、「朽廃規定」は現在も有効とされています。 因みに、ここでの「朽廃」の意味については、平成21年5月7日の東京地裁判決では、「建物に自然に生じた腐食損傷等により、建物としての利用に耐えず、全体として建物としての社会経済上の効果効用を喪失した状態」としています。

境界確定（官民査定）について

◆空き家を利活用する場合、又はその敷地を売却処分する場合には、隣地との所有権境を「民民確定」という形で境界確定するとともに、区道等の道路管理者が管理する道路との境界確定を「官民査定」という形で下図のように行うときがあります。

◆区道における所有権境を示す土地境界線と道路法の適用範囲の境を示す管理区域線は、以下のパターンに分かれます。そのため、それに応じて作成する境界画定図も異なります。

≪土地境界と管理区域の関係≫

①土地境界線と管理区域線が一致する場合

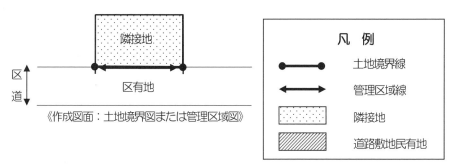

②管理区域内に道路敷地民有地がある場合

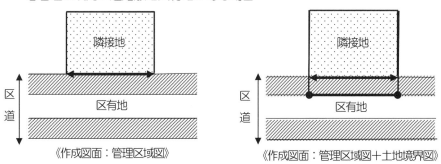

事例概要

事例NO.	05			
カテゴリー	地上げ屋の買収により是正措置が阻まれた空き家			
事案時期	平成27年6月～平成29年6月 （空家法が成立した時代の事例）			
課題事項	①無接道敷地 ②長屋住宅だがところどころ除却され残ってしまった空き家 ③不動産業者によって買収されたが、是正措置が拒否された			
登記情報	土　地	地　積	14.82㎡	
		地　目	宅地	
	家　屋	種　類	居宅	
		構　造	木造2階建	
		床面積	1階　12.20㎡、2階　12.20㎡	
事例概要	相談者は、町会長からの要望を受けた区議会議員である。長年放置された空き家が多数存在していて、付近の住民にとっては、ゴミの不法投棄や放火による延焼の心配、空き家の倒壊による隣家の損壊等、生活環境の保全の観点から非常に問題の多い状況にあった。また、法外道路（通路）には複数の無接道敷地が接しており、建て直しが認められない古い家屋が長屋の状態で存在していた。そのため、その敷地が買収された場合は、空き家も除却されることになるが、買収されず残った家屋は、一体化した部分を取り壊すために、壁面が破損し、屋根がちぎれ、柱が傾き、倒壊の危険性が非常に高まることになる。当該空き家はまさしくその状態にあった。空き家所有者の相続人は今後の維持管理が難しいと考え、付近の敷地を買い集めていた不動産業者に売却してしまった。しかし、当該空き家を購入した不動産業者は、区の除却等の是正指導を拒否し、対立関係となってしまった。			

現場の位置図

本事案は
下の図のように
法外道路（通路）に沿って
無接道敷地が多数
存在する地域に
除却されずに残っている
空き家の相談でした。
これらの敷地を
地上げ屋さんがちょうど
買い集める時期に遭遇した
エピソードでした。

井上　主事

建築基準法上の道路	居住物件	更地（無接道敷地）	更地（無接道敷地）	空き家（無接道敷地）	更地	建築基準法上の道路
	法外道路（通路）					
	居住物件	更地（無接道敷地）	空き家（無接道敷地）	更地（無接道敷地）	空き家	
	居住物件		居住物件			

【担当者による解説】

藤間 主任

藤間：　相談者は、区議会議員でした。地域の町会長の依頼を受けて、課長に直接お話があった案件だったようです。

井上：　課長の指示ですぐさま現地調査に入りました。当該地は古い２階建の重層長屋が所々切り取られたような感じで、まるで歯が抜けて数本の歯が残っているような状態で複数の建物がまばらにありました。

藤間：　しかし、現地の様子をみるとそれぞれの建物が細長い通路に接しているだけで、建築基準法の道路に接していない、いわゆる無接道敷地内にその歯抜けの家々が存在している感じでした。

井上：　だから、ここにある建物は全て無接道敷地内にある違反建築物ということになります。

藤間：　その中で、建物の破損状況が最も酷く、隣地にある建物にやや傾きだしている建物が今回の相談物件となりました。

井上：　当該建物は、古い時代の裸木造の建物です。いわゆる板を幾つも継ぎ足して造られた壁にただペンキが塗られているだけで、モルタルなどの塗装材はない状態でした。そして本物件と接していた建物が除却されたためか、共有されていた壁面が剝ぎ取られた形で壁のない建物で残っていました。そのため壁面材料が剝き出し状態となり、風で煽られて付近に細かく飛び散っていました。

藤間：　屋根瓦も建物の基礎付近に落下していました。隣接家屋が除却されたことにより、ところどころ壁に大きな穴が開いていて部屋の中の様子が見える感じでした。

井上：　敷地内は雑草が生茂り、人の腰の高さまで伸びていました。

藤間：　法務局でこの建物について登記を調べたところ、土地

井上　主事

と建物は同一人物の所有であることが判明しました。

井上： ところが、所有権取得日の日付をみると相当な昔なので、所有者は随分昔に亡くなっていることが予想されました。いわゆる相続登記がされていない物件です。

藤間： 案の定、登記に記載された所有者の情報に該当する住民票を入手できませんでした。そこで、都税事務所に問い合わせをして、固定資産税の情報の提供をお願いしました。

井上： ところが、時期がちょうど都税事務所が納税通知書を発送する繁忙期になっていて、こちらの調査に手が回らないということで、しばらくお待ちすることになりました。

藤間： 翌月になって都税事務所から連絡が入ったのでお伺いしました。しっかりと、情報を集めて頂いたようで、書類には細かく付箋が付いていて説明を受けました。

井上： 固定資産税を納税している人が相続関係人と思われたので、早速その方の居住先の市役所へ戸籍・住民票の公用申請をしました。

藤間： 数日後、戸籍と住民票が届き、やはり、空き家所有者と納税者は親子関係にあることが分かりました。

井上： 早速、空家法の第14条の規定に基づき、先ずは空き家の適正な管理についてお願いするお手紙を送付しました。

藤間： すると、すぐに電話がかかってきて、直接コンタクトが取れるようになりました。お話では、父親が亡くなった後、管理する人がいなくなったので、売却処分しようとしたが、敷地が無接道敷地（死に地）ということもあって、凄い安値で提示されてしまい、しばらく待てば、他に高く買ってくれるところがあるかもしれないと期待して、そのままになってしまったとのことでした。

井上： 空家法が成立したことで、行政から特定空家等と認定され、是正の勧告が出た場合は、都税事務所で固定資産税の住宅用地の軽減措置特例が解除され、本来の税額（現在より6倍の税額）に戻ることを説明しました。

藤間： また、空き家の現況状態が非常に悪く、倒壊する危険性が高いため、隣接する住宅に被害が出た場合は、刑法上の罪が問われ、民事上の損害賠償責任が発生することも伝えました。

井上： この他、区議会議員から区に相談が入っているということは、地域でもそれなりに問題視されていることだから、早目に除却なりの処分をした方がいいと説得しました。

藤間： すると、何年も現地を見ていないので、近いうちに現在どういう状況になっているか確認しに行くといわれました。

井上： しばらくして、役所の窓口にご兄弟で相続人が来られました。現地の状況を見てビックリしてしまったとのこと。数年間でこんなにも建物が荒れ果てるとは思ってもいなかったと反省されていました。そこで、売却するとしても不当な安値で買い叩かれるのは嫌なので、不動産業者から提示された金額が妥当か否かを客観的に判断できる材料はないかと尋ねられました。

藤間： 建物には資産評価によって課税されるから、都税事務所へ行ってそれに関係する書類を貰ったらどうかとお話ししました。

井上： すると数日後、都税事務所から土地評価証明書（固定資産評価証明書）を貰って来たと言われ、以前業者から提示された時の金額と付き合わせて検討しました。

藤間： 不動産業者からの買取明細をみると、①現地の実測量費が38万円、②空き家の解体費が130万円（無接道敷地で重機が入っていけないため、全て人の手壊し作業となり、高額となる）、③登記関係の司法書士業務が20万円、④分離課税20％として40万円かかると記載されていました。そして、これらの額を差し引いて残った分が、売却して手もとに残る利益となる計算でした。

井上： 無接道敷地の売却が難しい現状を考えた場合、これだけの利益が残るなら、まあまあ良心的な提示額なのではという結論になりました。

藤間： 半月後、相続人から電話が入り、無事に売却の手続が終わったという連絡を受けました。そこで、新しく購入された不動産業者の連絡先を聞いて、直接空き家の除却の日程について尋ねることにしました。というのは、相続人が空き家の新たな買主となる不動産業者に予め当該空き家が空家法の是正対象となっていて除却処分が相当となっていることを伝えた上で売買契約を結ぶことになったと聞いていたからでした。

井上： 買主の不動産業者に相続人から連絡を受けて電話をさせて頂いていると話したところ、除却には応じられないといわれました。売却時には除却相当の建物であると前所有者から聞いてそれを承知で購入されていますよねと念押ししたところ、それは分かって

y
148

いるが、除却はしないと急に激怒されました。

藤間：　また、不動産業者は、「お前ら行政の連中に、あーだ、こーだといわれる筋合いはない。俺は長年、土地建物に関わる仕事をしてきたから、分るんだ。まだ、この建物は十分にもつから除却なんかはしねーよ。」とすごい剣幕で怒鳴られてしまいました。

井上：　既に屋根が抜け落ちて、壁も剥離落下して、傾きだしているので、いつ隣のアパートに崩れて被害を及ぼすか知れない状況にあると説得しても耳を貸しませんでした。

藤間：　すると、不動産業者は、「俺は地上げ屋だ」と言い出して、「今、建物を取り壊して更地にしたら損だろが」と声を荒らげられ、まるでヤクザのような話ぶりに変貌しました。普通の人がこういう話ぶりを聴くと怖気つくかも知れませんが、この点、公務員は年中、役所の窓口では、「馬鹿野郎」、「コノヤロウ」、「税金泥棒」と罵倒され、大声で苦情を言われることに慣れているので、職員は至って冷静に話を進めることができました。

井上：　どうやら、「地上げ屋」と称する不動産業者は、この空き家だけでなく無接道敷地に残っている空き家と敷地を買い集め、ある程度の広さになったら、建築基準法上の道路と接道要件を満たす形に敷地を合筆して、他の例えばマンション建設のデベロッパー等の業者に売るつもりだったようです。（この点は、姉妹本 144 頁以降を参照のこと。）

藤間：　そのため、全部の敷地を買い集める前に空き家を除却してしまったら、固定資産税の住宅用地の軽減措置特例が解除されて税額が上がってしまうことを避けたかったようです。

井上：　固定資産税は、地方税法によって、①空き家を除却して更地にした場合でも、②行政から特定空家等として是正勧告を受けた場合でも、住宅用地の軽減措置特例が解除されて６倍に増額される仕組みになっています。

藤間：　そこで、不動産業者に対しては、空家法の成立に伴い、空き家が、行政によって特定空家等と認定され、除却等の是正勧告がされた場合は、都税事務所に連絡して固定資産税の税額変更の手続が行われることを説明しましたが、電話を切られてしまいました。

井上：　その後、前の所有者の相続人から電話が入り、固定資産税の賦課期日（１月１日）前に所有権移転の登記手続きが行われなかったので、課税台帳主義に則って、前の所有者の相続人に対して課税される事態になることの相談が入りました。

藤間：　区としても不動産業者と連絡が取れない状況になっていたので、都税事務所に課税対象者がどうなるのか聞いてみました。

井上：　都税事務所の回答は、一旦、前の所有者の相続人が税金を支払い、その分を真の所有者となった不動産業者に請求する方法しかないというものでした。

藤間：　しかし、その後、前の所有者の相続人からまた電話が入り、今度は契約分の代金も支払われていないという信じがたい相談でした。

井上：　どうやら、ヤクザまがいの不動産業者の資金繰りがうまくいかなかったようで、所有権移転登記云々の前に代金の支払いそのものが不調になったようです。

藤間：　そこで、土地・建物の売買契約における債務不履行となるわけだから、相手方に対しては、契約の解除や損害賠償金の請求ができることを教え、弁護士に解決を依頼した方がいいとお話しました。

井上：　それから、数ヶ月たってから、無事に他の不動産業者と話がまとまり、売却ができたとの報告を受けました。

藤間：　どうもヤクザまがいの不動産業者はあの敷地の買占めから撤退して、他の業者が関わるようになったみたいです。

井上：　現在は、ほぼあの敷地の買取が終わったらしく、当該空き家も除却され更地となっています。

藤間：　近い将来、すべての敷地が買い取られた場合は、広大な敷地になるので、そこに大きなマンションが建つことでしょう。

井上：　空き家の除却や建て直しには、空き家の所有者や相続人だけでなく、こうした不動産業者も関わってくるという教訓を学んだ事例となりました。

関係法令の説明

関係法令	条文規定
民法	（債務不履行による損害賠償） 第415条　債務者がその債務の本旨に従った履行をしないときは、債権者は、これによって生じた損害の賠償を請求することができる。債務者の責めに帰すべき事由によって履行をすることができなくなったときも、同様とする。
説　明	債務不履行とは、債務者が、正当な事由がないのに債務の本旨に従った給付をしないこと。民法では債務不履行を、①履行が可能なのにもかかわらず履行期を経過しても履行しない場合の履行遅滞、②契約後に地震や火災等で建物が滅失して引渡しができなくなったときのように債務の履行が不可能になる場合の履行不能、③債務の履行として給付がなされたもののその給付が債務の本旨に反して不完全である場合の不完全履行の3種類に分類している。債権者はいずれも、契約解除や賠償請求を行うことができます。本件の事例では、不動産業者が、空き家の土地と建物の買取について査定を行いその売買契約を成立させたわけですから、履行期日までに不動産業者は代金の支払いを行い、所有者の相続人は土地と建物の引渡しを行う必要がありました。ところが、期日を過ぎても不動産業者は代金の支払いをしないばかりか、固定資産税の賦課期日（1月1日）前までに所有権移転の登記手続もしていませんでした。そのため、相続人には本来課税されることのない固定資産税の納税義務が課税台帳主義によって発生することになってしまいました。これについては、相続人は、不動産業者の債務不履行に対して、契約の不履行による契約の解除とその損害賠償の請求ができることになります。相続人は、弁護士を立てて債務不履行を行った不動産会社との契約の解除を行い、その後、別の不動産会社と売買契約を成立させることができました。

知って得するコラム　その6

長屋と共同住宅の違いについて

1、長屋

　長屋とは、複数の住戸が水平方向につながり、壁を共有している建物のこと。それぞれの建物は、独立した住戸であり、玄関が付いている。そして、その玄関が他の住戸と共有することなく直接接道など外界に接していることが条件とされている。イメージ的には下図のようになる。最近は2階建て以上の重層長屋と呼ばれるものが流行っている。

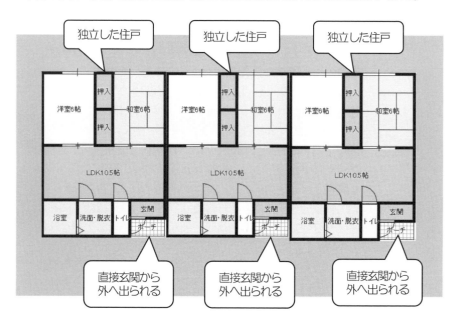

2、共同住宅

　これに対して、共同住宅は、長屋のように複数の住戸が集まってできた建物だが、道路から自分の住戸に入るまで、エントランス・ロビー・廊下・階段・エレベーター等の共用部分を通る必要がある。つまり、共同住宅には、共用部分があるのに対して、長屋にはないのが一番の特徴といえる。

3、法律の扱い

　建築基準法では、共同住宅は特殊建築物として位置付けられ、防火や避難などに関する規制が他の建築物よりも規制が厳しくなっている。また、空家法では、長屋や共同住宅は法の対象外であるとの国交省の見解があるが、長屋住宅でもすべての住戸が空き家となった場合には適用できるとしている。（詳細は、姉妹本の184頁を参照のこと。）

4、平成30年住宅・土地統計調査の資料を基に作った分析結果

◇空き家の建て方別の内訳

（1）一戸建の空き家317万戸(37.5%)

（2）長屋建50万戸(5.9%)

（3）共同住宅475万戸(56.2%)

（4）その他3.5万戸（0.4%）

※昭和53年から平成20年までの30年間にかけて共同住宅の空き家は、336万戸増加したが、平成25年以降は増加幅が縮小。

◇居住世帯のある住宅5366万戸の建て方別の住宅数

（1）一戸建が2876万戸（53.6%）で、16万戸（0.6%）の増加

（2）長屋建が141万戸（2.6%）で、12万戸（9.2%）の増加

（3）共同住宅が、2334万戸（43.5%）で、126万戸（5.7%）の増加

※共同住宅の住宅数の推移は、、昭和63年に1141万戸と1000万戸を突破した後、その後も増加を続け、平成30年までの30年間で2倍以上増加。

以上のように、平成31年4月26日に発表された総務省による住宅・土地統計調査（平成30年10月1日午前零時現在）のデータをみると、長屋や共同住宅の空き家率が確実に高まってきていることがわかる。

現在のところ、空家法の対象は戸建住宅となっているが、近い将来、長屋や共同住宅も空き家（空室）になる恐れがある。実際、都心部の有名な大通りからちょっと脇に入ったところに位置する老朽化したマンションでは、空室が目立ち、管理費や修繕費などが集まらず、エレベーター等の共用部分の維持管理に支障が出てきている。マンション等の維持管理は、区分所有法によってマンションの管理組合等による自主的な管理が原則となっている。そのため、空家法の対象外となっていて、行政は関与できない。空室の所有者が亡くなった場合、その相続人の調査や維持管理に必要な管理費や修繕費の徴収等は、管理組合で何とかするしかないのである。しかし、少子・高齢化により人口減少が顕著となってきており、相続人を見つけ出すことが難しくなってきている。また、建物の規模が大きくなると、そこに暮らす住民だけでなく、周辺住民の生活環境の保全について深刻な影響を及ぼすことが考えられる。そのため、このまま空室という名の空き家が増え続けることになれば、長屋や共同住宅についても視野に入れて、空家法を改正する必要がでてくるかも知れない。

事例概要

事例NO.	06		
カテゴリー	借地契約上の守秘義務が空き家対策を遅らせた事例		
事案時期	平成26年8月～平成28年9月 （空家法が成立した時代の事例）		
課題事項	①敷地内の雑草繁茂 ②修繕等が長年施されていない空き家 ③火災の延焼と地震による家屋倒壊の危険		
登記情報	土　地	地　積	160.53㎡
		地　目	宅地
	家　屋	種　類	居宅
		構　造	木造瓦葺2階建
		床面積	1階　70.24㎡、2階　25.89㎡
事例概要	相談者は、空き家のある地域を代表する区議会議員である。長年放置された空き家の敷地内の草木が繁茂し、道路にはみ出て車両の通行に支障をきたす等のトラブルが発生していた。空き家所有者と連絡を取りたくても有効な手立てがなく、付近の住民はその対応に苦慮していた。現地調査を行い、近隣の聞き込みを行ったが、ここ数年、所有者と会ったことがないとして、実際にどこに住んでいるのかが分らない状態にあった。法務局で登記を調べるも空き家そのものの登記簿が見当たらないため、土地と建物が同一の所有者と推測して、土地所有者あてに空き家対策の協力を求める文章を発送した。ところが、土地所有者と空き家所有者とは借地契約を結んだ当事者であることが判明したにもかかわらず、土地所有者からは契約当事者間の守秘義務を理由に空き家所有者に関する情報の提供を拒まれた。戸籍・住民票等の情報では、現住所地が空き家の所在地となっており、実際の居住先が不明のため、以後しばらく対応が出来ない状況が続いた。その後、空き家の一部が倒壊し、瓦礫が道路を塞ぐ事態となり、警察が動く事態となった。これにより、土地所有者に対しても空家法による是正措置を講じることになり、行政指導書を発送することとなった。		

現場の位置図

本件事案の場所は
住宅密集地帯で
かなり大きな敷地に
ある空き家でした。
ところが、
敷地内にある
雑草や木々の枝葉が
繁茂して
道路にはみ出てしまい
行きかう車に当たるなど
通行障害を
もたらしていました。

林　主任

		建築基準法上の道路
	空き家	
建築基準法上の道路		

【担当者による解説】

山田　係長

山田：　本件事案は、空き家所有者と土地所有者とが異なるケースで、空き家所有者の特定が難しく、そのため、借地契約を結んでいる土地所有者に空き家所有者に関する情報提供の協力を求めましたが断られてしまった事例です。

　林：　空き家所有者と土地所有者との関係はそれぞれの親の時代からのお付き合いがあったらしく、信頼関係が深い分、役所などの他の接触には慎重を期してなかなかご協力が得られない状況にありました。

山田：　また、当該地付近の土地の変動が激しく、つまり、分筆や合筆に伴う登記地番の変更が著しく、当該空き家が存在する土地の地番と空き家の建物登記の地番とが一致せず、空き家そのものの登記簿を探し出すことが困難でした。

　林：　当初の調べでは、土地と建物の所有者が同一人物だろうという前提で登記簿を探していました。しかし、土地の地番と一致する建物の登記簿が見当たりません。そこで、建物登記が存在しない場合もあるので、とりあえず、土地所有者に手紙を出して様子を見てみようということになりました。

山田：　数日後、送付した手紙を手に取った初老の男性が窓口で、「この手紙を出した職員はいるか」と大声で怒鳴り始めました。

　林：　もしかして、例の空き家に関する件かなと思い担当職員が対応に出たところ、「俺はこの手紙に書かれた空き家所有者ではない」、「役所はどういう調査をしているのか」、「税金使っていい加減なことをするんじゃない」と大変な剣幕でした。

山田：　そこで、空き家所有者ではない方にこのような空き家対策に関する手紙をお出ししたことへすぐさまお詫びするとともに、登記簿の調査での経緯を説明し、土地所有者にも空き家対策ではご協力を求めているので、お願いしたいとお話ししましたが、空き家所有者とは長年の付き合いがあって、借地契約を結んでいるので、行政といえども、それ簡単に契約の相手方の情報を渡すわけにはいかないと断られてしまいました。

林　主任

林： また、空き家の建物登記のコピーを持参されていて、こういう資料を探し出せない役所の調査能力の無さにはガッカリさせられると厳しく叱責を受けました。

山田： わざわざ、空き家の建物登記のコピーを持って来られたということは、当該地付近の分筆・合筆による地番の変更が著しく、建物登記の特定が困難な状況にあるということを重々承知されていたようにも見えます。ある意味、役所の調査能力を測っておられたのでしょう。建物の登記簿を探し出すことができない上に、全く関係のない土地所有者に空き家所有者かも知れないという前提で尋ねてくる手紙を受け取って情けないという気持ちが爆発されたのかも知れません。

林： いずれにせよ、当該空き家の登記簿を入手できたので、そこに記載された所有者の情報を頼りに戸籍・住民票などの書類を集めましたが、現住所地は当該空き家が存在する場所になっていました。

山田： つまり、空き家所有者の居所が空き家の所在地であり、実際のご本人の居住先が判らない状態でした。

林： 土地所有者は、先程の理由で、空き家所有者に関する情報提供は拒まれるばかりで全く進展はありませんでした。

山田： この事案の相談者は区議会議員でしたので、課長を通じてこれまでの経緯を報告しましたが、空き家所有者の居所を探索する調査は行き詰まりとなってしまいました。

林： しかし、一方で、空き家所有者は高齢者であるために介護施設に入所しているのかも知れないと考え、介護保険関係の部署に調査依頼を出して情報を集めましたが、それらしきものは何もありませんでした。

山田： それから、進展にはしばらく時間が必要となりました。

林： １年程経過した頃、ある日の朝突然、警察署から電話が入り、すぐさま現地に来て欲しいとの依頼がありました。

山田： なんと、当該空き家の一部が倒壊して、道路を半分ほど瓦礫で塞いでいたのでした。

林： 既に現地では、警察の立入禁止と書かれた黄色いテープで規制線が貼られていました。

山田： こうなる前に区は事前に手を打たなかったのかと警察から厳しくお叱りを受けてしまいました。そこで、これまでの経緯を説明して、定期的に当該空き家の様子を幾度も見に来てはいたが、その時は、このような事態に発展するとは思いもよらなかったとお話をしました。

林： しかし、このように道路を塞ぐ状況となったからには、すぐに瓦礫を取り除き、通行を確保する措置を行う様にと警察から指導を受けてしまいました。

山田： これまで、土地所有者の言い分のとおり、借地契約の当事者における個人情報の保護の観点から行政もそれなりに重要視してきましたが、空き家が倒壊して道路を塞ぎ近隣住民の生活に悪影響を及ぼす結果となってしまっては、こちらも強権発動を行うしかありませんでした。

林： そこで空家法第14条の規定に基づく是正措置として、先ずは土地所有者に対して、空き家所有者の連絡先を区に教えるか、或いは土地所有者が空き家所有者に働きかけて瓦礫の撤去などの是正措置を促すかの行政指導書を発送致しました。

山田： すると土地所有者から電話があり、土地所有者が空き家所有者に連絡を取り、区に電話を入れさせることで話がまとまりました。土地所有者も事態を重く見て、借地契約における個人情報の守秘義務云々を言っている場合ではないと判断したのでしょう。

林： しばらくして、空き家所有者の姪に当たる方から電話がありました。お話を聞くと、空き家所有者が何年も前から認知症を患っていて区外の別の住居で暮らしていたことがわかりました。所有者ご本人はかなり高齢であり、独身でこれまで家庭を持っていなかったので、現在本人の面倒を見られるのは姪の自分だけであるということも伺いました。

山田： 姪の方は現状を理解したので、すぐさま警察と連携して後処理に入ると約束されました。

林： その後、空き家が倒壊してしまったことで、これまで続けてきた借地契約を解除して、空き家を解体し、土地を更地にした上で、土地所有者に返還する方針となったと姪の方から報告を受けました。

山田： 本件事案では、空き家と土地の所有者が異なる場合、両者には借地契約が存在しており、その契約に関する情報が個人情報の保護の観点から、契約相手の名前や住所な

どは行政にも教えられないと拒まれたことが是正を遅らせる要因となったばかりでなく、被害は小さいものの道路を瓦礫で塞いでしまう結果を招いてしまいました。

林： 空き家問題は行政と空き家所有者という単純な関係ではなく、そこに借地契約が存在すれば、土地所有者が入り込んできます。また、空き家を除却させることが相当となった場合でも、もしその空き家に抵当権が設定されていたときは、空き家所有者にお金を貸している債権者（金融機関などの抵当権者）が関与してきます。空き家を除却するということは債権者にとっては抵当物件を失うことになるので、その辺の調整も必要となってきます。

山田： もし、その辺の調整を行わず、空家法の除却命令の一本調子で是正措置を強行した場合は、空家法という公法上の是正措置は合法であっても、民事上では抵当権者から損害賠償責任が問われるかも知れません。

林： 空き家の是正措置には、こうした公法上の、そして、民事上の法律関係も留意をして、空き家の倒壊の危険性を見ながら、周辺住民の感情にも気を配って、役所の立場として今何ができるかを考えつつ手を打っていくことが大切であると思われます。

覚えておきたい知識のミニテスト07

問題01　下記の（　　　　）に適語を入れよ。
　平成30年の建築基準法の改正により、（　①　）㎡以下の戸建住宅に関しての規制緩和が行われた。戸建住宅を特殊建築物としての（　②　）変更を行う場合は、建築確認申請が不要となった。また従来必要とされていた（　③　）への大規模な改修工事も不要となった。また、無接道敷地にある戸建住宅についても自治体が定める（　④　）に該当すれば、建築審査会を通さずに再建築等の工事が認められるようになった。

問題02　下記の（　　　　）に適語を入れよ。
　空き家が、建築基準法の（　①　）建築物に該当する場合は、建築確認申請をしなくても（　②　）の改修工事や（　③　）工事ができるため、利活用に向けての準備を行うことができる。ただし、新築や改築に該当するような違反工事は、必ず近隣住民から役所へ通報が入るため、行政の建築監察でもって除却命令等の是正措置が行われることになる。

ミニテストの解答は、34頁にあります。

知って得するコラム　その7

　空き家調査の第一歩は、法務局での登記簿の入手です。登記簿には土地と建物の2種類があります。通常は、住宅地図で空き家のある敷地の位置を確認して、その位置に該当する登記地番の土地と建物の登記簿を取ります。そして、土地と建物の所有者が同一人物であるか、それとも借地契約を締結しているような場合の異なる人物であるかを確認します。土地と建物の登記簿をそれぞれ入手できたときはラッキーです。その後は、戸籍・住民票等の調査へと移ります。

　ところが、土地の登記簿が申請して出てきても、建物の登記簿が「該当なし」として出てこない場合があります。こういうときは、もともと建物の登記がなされていなかった物件か、或いは本件事案のように土地の登記地番と建物の登記地番が違うものになってしまったケースが考えられます。

　というのは、当初は土地も建物の同じ場所で登記されているわけですから、同じ地番であるはずです。ところが、広い敷地であった場合は切売りなどで土地が細かく分筆されて、又は合筆が行われて土地の登記地番が変わってしまう場合があります。建物の地番は当初のままなのに、土地の地番はどんどん変わってしまうのです。ですから、変わってしまった土地の地番で建物の登記簿を探しても、地番が一致していないので、「該当なし」として窓口で申請書が返されてしまうのです。右の図1のように現在の建物の敷地の番号は「1－15」となっていますが、この番号で建物の登記を探しても、「該当なし」となります。なぜなら、建物の番号は、図2のように50年前と同じ「1－1」のままだからです。土地だけが変わっているからです。

　このようなときは、登記所の職員に協力してもらって、過去に遡って当該地における分筆・合筆の記録や旧公図等の資料に当たって調べて頂くしか方法がありません。他の申請者で混雑する登記所で、このような手間のかかる作業に登記所の人員を割くことを依頼することには大変心苦しい場面もありますので、登記所との普段からのお付き合いを大切にして、こちらの立場と調査の趣旨を理解して、ご協力して頂ける人を作っておくなどの信頼に基づく人間関係の構築が最も重要となります。

図1 　　　　　 【現在の土地と建物】

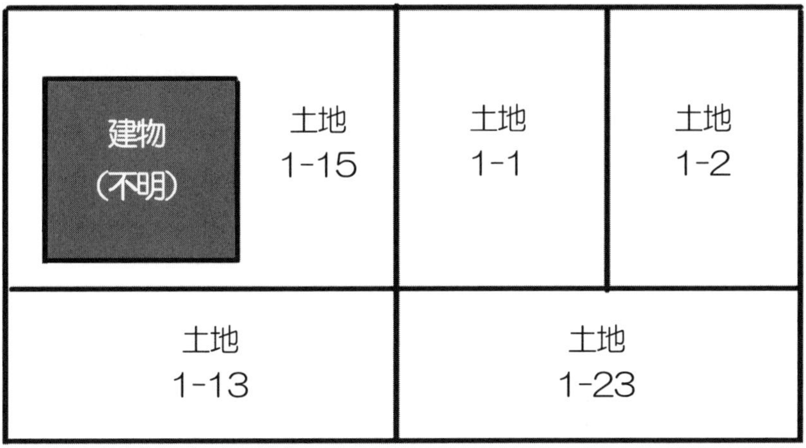

建物 (不明)	土地 1-15	土地 1-1	土地 1-2
土地 1-13		土地 1-23	

図2 　　　　　 【５０年前の土地と建物】

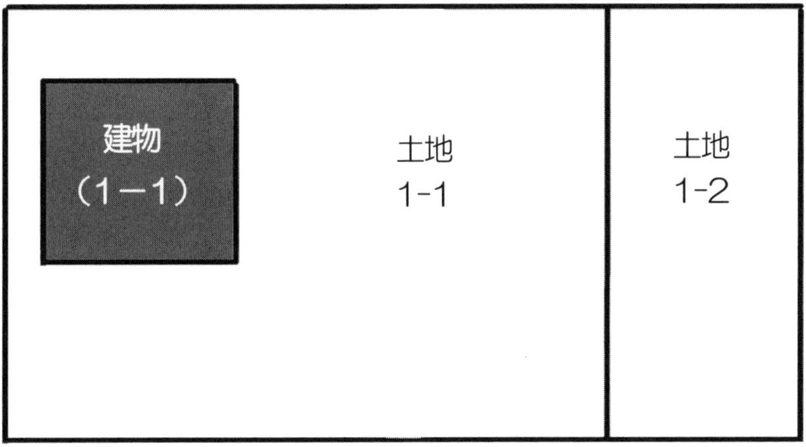

建物 （1－1）	土地 1-1	土地 1-2

知って得するコラム　その8

1、セットバックの道路中心判定と道路後退線について

◆空き家のある敷地でセットバックする場合に気をつけて欲しいことがあります。建築基準法上の道路で幅員が4m未満の2項道路の場合は、特定行政庁が道路中心線の位置を判定して定めることになっています。建築主は、その定められた道路中心線から敷地側に水平距離で2m後退したところまで建築基準法上の道路とみなされる（みなし道路）ため、道路後退線を建築線として建築工事を行う必要があります。現況の道路から道路後退線までは宅地ですが、道路とみなされた範囲のセットバック部分となります。

図1

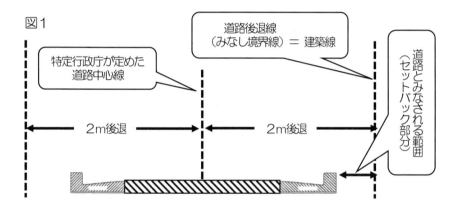

◆2項道路の道路中心線を導く方法にはいくつかあります。事前に道路課が一路線を丸ごと測量にかけて道路の管理区域線を確定させ、その確定折半の位置を建築基準法上の道路中心線となるように建築課にデータを提供している自治体もありますが、そうでない場合は一般に道路中心を導くときの考えはケース・バイ・ケースとなります。例えば、①道路に接道している敷地と道路境界の確定が行われている場合は、その確定の折半の位置を中心とするときもあります。また、②現況幅員の折半で導くこともあります。③建築基準法が制定された昭和25年の航空写真を手がかりに当時の道路の形態を参考に中心を導くこともあります。しかし、④これとは別に、路線としての道路の線形に鑑みて中心を導く場合もあります。つまり、その時々の事情に応じて最適と思われる手法で道路中心線が判断されるということです。ですから、予め、この道路に接道する敷地の場合は、現況からどのくらいセットバックしたらいいのかと質問されてもそれにはお答えはできないのです。そこで、宅地を売買される場合や建築の設計図面をひく都合がある場合で、予め有効宅地面積を割り出すために現況から宅地側へどのくらい後退するのかをお知りになりたいときは、現況の道路図面を作成して、道路中心線を判定する部署へ提出し、事前に相談されることをお勧めします。

2、道路後退（セットバック）部分の分筆について

◆セットバック部分を予め分筆して、純粋に宅地部分の面積を割り出してそこだけを売ろうと考えている業者の方がいますが、道路中心線や道路後退線の位置は、建築課に道路中心判定の依頼を申請して、そこで過去の付近における判定結果や測量等の手順を踏んで道路中心線が導き出されてから初めて分るので、分筆した位置と道路後退線がずれてしまった場合は無接道敷地になる危険性があります。つまり、下記の図2のように道路中心線が正式に決まる前に早々と分筆をした場合や道路中心の判定後に本来の道路後退線と異なる位置で分筆をした場合は、家が建たなくなることがあるので注意をして頂きたいと思います。実際に年に数件ですがそういった事例が発生しています。

図2

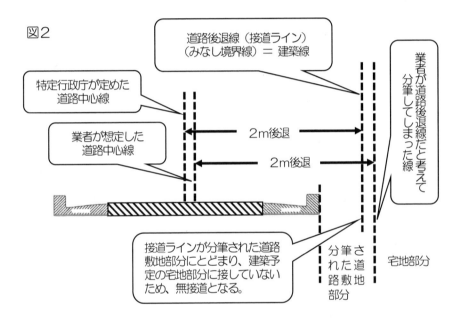

◆また、道路の両側が後退することになった場合は、同じ道路中心線になることは稀です。仮に、敷地A側が道路後退して建築され、その10年後に敷地B側も道路後退して建築工事をすることになったとします。普通は敷地A側の工事の際に導き出された道路中心線が今回も使われると思いがちです。しかし、10年も時が経ち、その間、水道工事やガス工事、道路の舗装整備工事等が行われた場合、或いは付近の家屋の建て直し等によってブロック塀が撤去され、電柱も道路の拡幅に伴い別の位置に移設された場合は、敷地A側で設定された道路中心線を現地で再現することは物理的に不可能となります。ですから、敷地B側の中心線は別に新たに設定することになります。

◆その場合は下記の図3のように道路中心線がクロスして、両側がセットバックしても4mにならないことがあります。反対に下記の図4のように道路中心線が互いに離れた

位置に設定されて両側バックして 4m以上になることもあります。建築基準法では、2項道路の場合は特定行政庁の定めた道路中心線から2m後退さえすれば再建築等の工事ができるわけですから、2項道路の幅が 4mに満たなくても、逆に4m以上の幅員になったとしても別に法的には、問題はありません。

図3

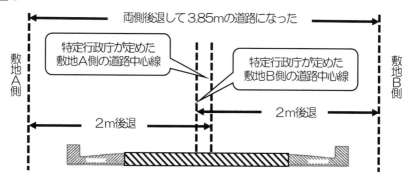

図4

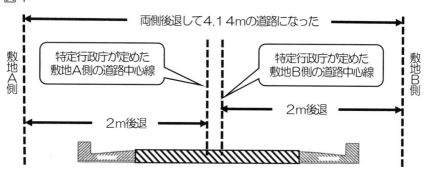

3、拡幅整備後の道路管理について

◆セットバック部分の取り扱いについては、41 頁の知って得するコラムその2で、①寄付、②無償使用承諾、③整備承諾があると説明しました。それにより、公道の2項道路が拡幅整備されて見た目は4m以上の道路になったとしても、建築基準法第42条の1項1号道路になることは非常に稀であるということを知って頂きたいと思います。下記の図5のようにセットバック部分の管理について、①寄付と②無償使用承諾により道路法の適用を受けた場合は行政が管理しますが、③整備承諾は宅地の一部が道路のように形状が変わっただけであり、そこの管理は宅地の地権者が私道として行うことになります。したがって、公道のすべてのセットバック部分が [　　　] となり、道路法の適用を受け、行政が管理できる状態で幅員4m以上を確保できたときに初めて建築基準法42条1項1号の道路法の道路となります。

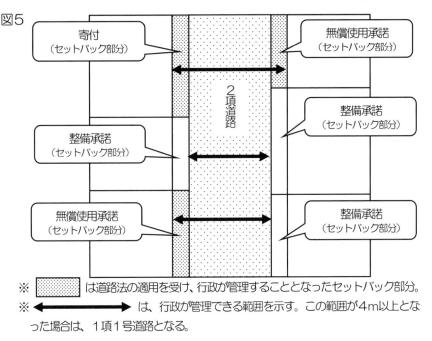

図5

寄付
（セットバック部分）

無償使用承諾
（セットバック部分）

2項道路

整備承諾
（セットバック部分）

整備承諾
（セットバック部分）

無償使用承諾
（セットバック部分）

整備承諾
（セットバック部分）

※ 　　　　　 は道路法の適用を受け、行政が管理することとなったセットバック部分。

※ ◀━━━━━━━▶ は、行政が管理できる範囲を示す。この範囲が4m以上となった場合は、1項1号道路となる。

◆これに対して、私道の2項道路は両側でセットバックされても、道路そのものが拡幅されたわけではないので、2項道路のままとなります。なぜなら、セットバック部分は私道に接する敷地（宅地）の一部が道路状に整備されただけだからです。公道のように所有権移転等が行われ、私道そのものが拡幅したというわけではありません。そのため、私道の2項道路では、拡幅整備が行われた後でも、民事上の通行権等でトラブルが生じやすいので注意が必要です。詳細は、姉妹本の56頁以降をお読み下さい。

4、敷民とセットバックの関係について（著者の推測を含む考え）

◆これまで、公道には「敷民」があることをお話しましたが、その敷民ができた背景には、現在の2項道路のセットバックと同様なケースも考えられます。建築基準法の前身の市街地建築物法では、建築可能な道路は1間半（2.73m）と指定されていました。そのため、1間（1.82m）の里道や畦道に接する敷地では、1間半になるように敷地の一部を道路として提供して家を建てることになっていました。そして、道路として広がった部分の敷地は、寄付や無償使用承諾等の申請により、旧道路法によって公道を構成する敷地として編入されました。また、昭和13年には市街地建築物法が改正され、道路幅員が現行の建築基準法と同様に4m以上とされたため、更に敷地後退が行われました。これらの敷地には現行の道路法第4条と同じく、旧道路法第6条で「私権の制限」が加えられました。そして、公道内に個人名義の敷地が残る原因としては、旧道路法下では、道路はすべて国の営造物（公物）という観念があったためか、登記上での所有権移転の手続等が積極的に行われずにいたことが考えられ、また無償使用承諾についても戦災による資料の散逸や焼失等によって権原を示す証拠書類が現在までに残っていないことがあげられます。

165

索 引

おわりに

　わが国では、そう遠くないうちに「空き家 40%時代」が到来するといわれています。[(1)]
また、それだけでなく、冒頭でご紹介したように「大量相続時代」も到来し、空き家や土地の所有者が不明な物件が急増する事態となってしまいます。そこで、本書では、著者が実際に職務として関わってきた空き家対策の事案を基に考え出したフィクション仕立ての事例をお読み頂くことで、読者の皆様方にも著者同様の擬似体験をして頂こうと思いましたが、如何でしたでしょうか。

　本書では建築基準法の時代と空家法の時代とそれぞれ代表的な事例をご用意しましたが、空き家の是正措置の取り組み方が異っていることに気付かれたでしょうか。

　空家法のない建築基準法の時代では、空き家問題は、あくまでも、民事上の近隣トラブルであり、行政は「民事不介入の原則」から出来るだけ積極的な関与を避けようとする向きがありました。また、建築基準法における建築物の維持管理に関する法文規定も強制規定ではなく、所有者側の自主性に任せる事項として、罰則のない努力規定（第8条の維持保全）となっています。これにより、空き家の管理が行き届いていないからといって、行政が所有者等に対し強権発動して指導することはありませんでした。

　これに対して、空家法ができた時代では、所有者等の空き家を適正に管理することの責務（第3条）を明確にするとともに、行政にも空き家対策について積極的に関わっていく責務（第4条）を明文化しています。また、空き家の所有者等に対する調査がしやすいように、調査することの法的な根拠を定め（第9条）、固定資産税の税務調査（第10条）を認めることで、これまで調査不能となっていた案件に有効な打開策を与えました。そのおかげで、空き家の所有者や相続人が不明だった案件の解決が一気に進み、倒壊の危険のあった空き家を除却し、新しく建て直すことができました。

[(1)] 下記の論文には2040年には空き家率が43%に達するとしています。

知的資産創造（2009年9月号）「人口減少時代の住宅・土地利用・社会資本管理の問題とその解決に向けて（中）」2040年の日本の空家問題
著者　植村 哲士、宇都 正哲
http://warp.da.ndl.go.jp/info:ndljp/pid/11001185/www.nri.com/jp/opinion/chitekishisan/2009/pdf/cs20090907.pdf

知的資産創造（2009年10月号）「人口減少時代の住宅・土地利用・社会資本管理の問題とその解決に向けて（下）」2040年の日本の空家問題への対応策案
著者　植村 哲士、宇都 正哲、水石 仁、榊原 歩、安田 純子
http://warp.da.ndl.go.jp/info:ndljp/pid/11001185/www.nri.com/jp/opinion/chitekishisan/2009/pdf/cs20091007.pdf

しかし、その一方で、空き家問題の本質は、所有者側の少子・高齢化に伴う相続人の不存在や相続した方々の生活が年金暮らしで、とても親が住んでいた空き家の維持管理にまでお金をまわすことができないというような切羽詰まった経済的な事情が背景にあります。

　そのため、お金のない所有者に又は管理する人がいない場合に適正な維持管理をしなさいとか、できないなら除却しなさいとか言って行政が迫っても解決はできません。

　つまり、最終的には、所有者や相続人に空き家を処分するお金がないとどうしようもないのです。個人的な財産である空き家に対して行政が住民の皆様方からお預りした税金を投入して修理や除却するわけにもいかず、空き家に接する道路の通行上の安全を図るくらいしかできないのです。

　この他、行政代執行を行うとしても、その費用の回収は法律上、国税滞納処分の例によって行うべしとされている以上、実際問題として回収の見込みのある事案しか発動できません。

　しかし、空き家のある場所がバス通りだとか、商店街だとか、通学路などの人通りの多い公共性の高い場所だった場合は、費用の回収が見込めなくても代執行に踏み切ることはできるでしょう。なぜなら、たとえ費用の回収ができなかったとしてもそれは止むを得ないことだと住民の皆様方からはご理解が頂けると思えるからです。

　ところが、特定の人だけが暮らす人通りの少ない囲繞地に囲まれた袋地だとか、私有地だった場合はどうでしょうか。公共性の低い場所なら当事者同士で解決すればと言われてしまうでしょう。これが、空家法の限界でした。それに、空家法は迷惑空き家となった建物を行政が除却できるように法的な根拠を付与するためにつくられたと言われていますので、空き家そのものをなくす或いは行政が特定空家等として行政指導等をしなくてもいいような状態にもっていくことはできませんでした。

　そこで、平成30年に上記の課題を克服すべく、建築基準法が改正されました。これにより、建物が迷惑空き家にならないように、事前に利活用に必要な改修工事ができる道が開かれました。無接道敷地でも、200㎡以下なら建築確認申請を出さずに用途変更の工事も大規模の修繕や大規模の模様替の工事もできます。

　あとは、今後人口減少が加速化する時代において、これらの建物をどう活用していくかです。今回の建築基準法の改正では、空き家を①飲食店や物販店のような商業施設にする、②シェアハウスや民泊などの宿泊施設にする、③小規模保育やグループホームのような福祉施設にすることを念頭において規制緩和が行われています。

　また、この利活用に不可欠なのが空き家所有者やその敷地を提供してくれる土地所有者等の探索です。これについては、2040年には北海道の面積に匹敵する720万haに達する

と言われ危惧される未登記地の解決のために所有者不明土地法等が制定され、所有者等探索委員等の新たな制度ができ、重要な役目を果たしてくれています。

　しかし、空き家の利活用には、空き家所有者側の相続の問題や経済的な事情、隣家との所有権境の確定、建物の抵当権、土地所有者との借地契約、都市計画や建築基準法上の制限、建物の利活用時における事業プラン等が大きく関わってきます。これらには民事的な要素が多く含まれていて、とても行政だけで解決できるものではありません。やはり、これには住民の生活に耳を傾け、専門的な事項に取り組んできた、弁護士や司法書士、行政書士、建築士、土地家屋調査士、税理士、宅建士、不動産会社、金融機関等のメンバーが連携して、共に支えながら、お互いの得意分野を発揮して対応することが今後求められていくことでしょう。具体的には、著者が「空き家の利活用における官民協働の在り方についての一考察」で示した経営学上のポジショニングの領域における役割分担が参考になるかと思われます。

　これまでの日本社会では、土地や建物は富の象徴として所有することが尊ばれてきました。ところが、少子・高齢化が進んで人口が減少した現代においては、「負動産」として、維持管理に困る不動産の所持を嫌う傾向にあります。空き家対策は、NPO 法人の代表者の方が仰っていましたが、放置されてからでは、手の打ちようがありません。所有者が死亡し、相続人も不明となり、或いは相続放棄されてしまっては、除却等の処分ぐらいしか道は残されていないのです。そしてその処分についても、膨大な時間と大変な労力がかかってしまいます。やはり、所有者が存命のうちに空き家の処分については、除却するのか、売却するのか、利活用するのかの方向性を明確に決めて頂く必要が大いにあるかと思います。なぜなら、憲法で個人の財産権が保障されている以上、国も自治体も、基本的には手出しができないからです。

　最後に、私の拙い文章のために理解しがたいところが多々あったかと思いますが、本書が空き家問題に携わる皆様方にとって、何らかの解決のヒントになればと切に祈っています。
　巻末までお読み頂き本当にありがとうございました。

姉妹本での誤字の訂正とお詫びについて

　令和元（2019）年 8 月 22 日に出版しました姉妹本において、下記のような文字の入力変換ミスによる誤字が数箇所ございました。お詫びして訂正させて頂きます。

≪例≫

（誤）物件的妨害排除請求権　　　（正）物権的妨害排除請求権

（誤）避難確知　　　　　　　　　（正）避難覚知

【プロフィール】

著　者

松岡 政樹（まつおか まさき）

中野区　都市基盤部　主任　（法学修士、行政書士有資格者）

≪経歴≫
- ■1990 年、中野区役所入区。
- ■2010 年、建築監察を行うなかで空き家対策に7年間従事。
- ■2016 年、中野区の空き家対策条例（案）の起草を手掛ける。
- ■2017 年、道路管理の部署に異動となり、現在に至る。
  同年、東京都行政書士会空家対策特別委員会から空家対策研修用テキストの作成の要請を受け、研修講師を務める。
- ■2019 年、東京土地家屋調査士会中野支部から空き家対策研修会の講師を依頼される。

≪著書≫
- ■『図解こちらバーチャル区役所の空き家対策相談室です』（公人の友社、2019 年）

図解・空き家対策事例集
「大量相続時代」の到来に備えて

2020年8月12日 初版発行

著　者
　　松岡　政樹
キャラクターデザイン
　　松岡　美佐子
キャラクターのイラスト・説明図表等の作成
　　松岡　政樹
編集協力
　　林　憲治
発 行 人
　　武内　英晴
発 行 所
　　公人の友社
　　〒112-0002 東京都文京区小石川5−26−8
　　TEL 03−3811−5701
　　FAX 03−3811−5795
　　Eメール info@koujinnotomo.com
　　ホームページ http://koujinnotomo.com